片づけられるように
なるために
私がやったこと

根原典枝
NEHARA NORIE

幻冬舎MC

片づけられるようになるために私がやったこと

はじめに

この本を手に取っていただき、心より感謝いたします。

はじめまして。

暮らし方研究科・業務改善4Sコンサルタントの根原典枝です。

1972年生まれ、沖縄で片づけとお掃除の小さな会社（株式会社暮らしかたらぼ）を経営すると同時に、企業向け4S（整理・整頓・清掃・習慣化）指導を通して業務改善コンサルティングを行っております。

私はこれまで、日本全国各地800件以上の個人宅の片づけの現場を訪れ、また数千人のセミナー参加者の方とお会いしてきました。依頼者はもちろんのこと、大半のセミナー参加者は、家が片づかないことで悩み、ご自身なりに試行錯誤しながらやってはみたものの思うような結果が出せなかった方々です。

では、なぜ思うような結果を出せなかったのでしょうか？

理由はとてもシンプルで、大きく分けて3つあります。

1つ目は、正しい方法が分からない。

2つ目は、本気度が低い。

3つ目は、片づける習慣がない。

それに尽きると思います。

目的達成をするうえでは、課題が何であれ苦手なことについては特に、その課題を解決するメリットや求める結果が明確でないと、ほとんど三日坊主で終わります。逆に課題解決が必要だと判断し決断実行できる人は、たとえその過程で困難なことがあったとしても、原因を追究し、あの手この手を考え進み続けます。

ですが正直、家の中の片づけを課題に挙げても、客人を迎え入れない限り家族以外の誰に見せるわけではないので後回しにできますし、生きてもいけます。また、良いか悪いかは別として、人間は環境に順応できる生き物なので、片づけられていない空間がいつしかいつもの見慣れた景色となります。そしてその環境に慣れつつも、時折、乱雑になった部屋を見てはイライラして家族を責めるか、自己嫌悪に陥るかを繰り返し、ついには「片づけは永遠のテーマ」というループにはまってしまうのです。

そこで、本書では、片づけの習慣を持つための考え方やその方法をまとめました。私自身片づけの習慣がなかったことでたくさんの失敗や時間をムダにした経験があります。その経験から片づけの習慣を身に付けるためのプロセスを経て気づいたことや方法を紹介することで本書が片づけの習慣化への一助になることができれば最高にうれしく思います。

目次

はじめに　3

序章
「片づけ」と「整理整頓」は違う？
負の片づけループから抜け出すために　16
なぜ日々基本動作を繰り返すのか？　17
散らかっていることで大切な時間を無駄にしている　19

第1章
片づけられない生活からの脱却！
今からちょうど16年前　34
片づけができない私　35

結婚、出産、起業そして離婚　38
次男の反抗期　39
片づけはモノだけではない　40
長男の不登校　41
晴れのち曇り、曇りのち晴れ　43
パンデミックのおかげで　45

第2章

アイテム別の分類が「整理」のカギ　選ぶ力の磨き方

選ぶ力を磨く　52
適正量を知りましょう　62
使いやすい形状を知りましょう　62
適正量をミニマムで考えると失敗する　63
パジャマの適正量ってどれくらい？　65
コレクションや好きなモノは適正量ではなくキャパシティで決める　65

代用できるアイテムを選ぶ　66
残す期間を決める　67
新米ママにとって手放すのが難しい独身時代の服たち　68
整理で行動力を身に付ける　71
リサイクルショップの買取価格は二束三文ではありません！　71
整理で決断力を高める　72
卒業証書はいつまで保管する？　73
思い出の品や写真の選び方　74
自分の写真を選ぶ基準はただ一つ　76
理由があるなら捨てることをやめないでください　77
大嫌いな姑の写真を残すべき？　77
別れた相手の写真を捨てる？　78
思い出の品のたらい回し　79
名刺にも鮮度がある　80
情報の整理　81

習い事の整理　81
便利な機能のサブスクを解約して得たもの　82
自分でコントロールできないコトは捨てる　83
個人情報が記載されたモノはどう捨てる？　83
ダイエットで体重計に乗ることを捨てました　84
人間関係やお金の悩みを捨てるためにやること　85
『カールじいさんの空飛ぶ家』が教えてくれたこと　86

第3章

仕組みと置き方のルールが「整頓」のカギ

整列と整頓は違います　88
整頓の仕組みを作れば片づけは簡単にできる　89
置き方のルールを決める　91
定位置を決めるための分類　92
使用頻度で分類する　93

重さで分類する　94
右利きなのか？　左利きなのか？で収める場所は違う　95
子供が付ける分類名は面白い！　96
読書好きの本の選び方と収め方　99
人を責めるな、仕組みを責めろ　100
スペースのムダ（物ファーストの部屋になっていませんか？）　102
収納アイテムのムダ　103
費用のムダ・時間のムダ　104

第4章

汚れの種類を知ることが「清掃」のカギ

掃除の基本は掃く・拭くの2つだけ　109
汚れの種類を知れば洗剤は買わなくてもいい　110
汚れの種類と場所によって適切な道具を使いましょう　112
ながら掃除をするためには仕組みづくりとルールづくりが必要です　113

キレイを維持するためには計画が必要 114
ダイエットと掃除・片づけはよく似ている 116
清掃は点検なり 117
清掃困難箇所をなくせば掃除は簡単になる 118
健康維持のためにも清掃困難箇所をなくしましょう 119
部屋の換気は空気の掃除 122

第5章

「習慣」のカギは毎日の積み重ね

整理の習慣のカギは持ち方のパターンを決めること 127
整頓の習慣のカギはいかにシンプルにするかということ 128
清掃の習慣のカギは掃除をするタイミングを決めること 129
習慣化するためのルーティンを決める 129
1秒で行動に移す習慣 132
「明日やろうは馬鹿野郎」 133

習慣は未来へ繋ぐバトンです 134
正々堂々とダラダラする 134
習慣は凡事徹底・反復連打 135

第6章

「改善」があなたの暮らしをより良くするカギ

時間の使い方改善 139
改善・仕組みづくりで家事は楽になる！ 145
家事の改善 145
洗濯物を干さない選択 147
食器洗いの時間を減らす改善案 148
床掃除はロボットにお任せ 149
家事分散をすると楽になる 150
揚げ物をやめました 150
消極的な外食と積極的な外食 151

第7章

質の高い暮らし方のカギ

消極的な外食をしないための工夫 152
暮らしに外注（プロの手）を取り入れる 153
家事代行は将来への投資なんです！ 154
苦手な仕組みづくりをプロに依頼する 155
仕事の改善 156
感謝をして家を磨く 160
一期一会 161
自分の気持ちが落ちたときの対処法を持つ 162
素敵な人の共通点 162
思考を変えると見えてくるもの 163
隠したいモノを持たない 163
やらないことリストを作ろう！ 164

暮らしを楽しむ文化　165
丁寧を意識する　167
おわりに　169

序章

「片づけ」と「整理整頓」は違う？

本題に入る前に「片づけ」の意味について改めて知ってほしいと思います。

「片づけ」とは、乱雑に置かれたモノをまとめて整え、元に戻すことです。元に戻すことというのであれば、片づけるために、モノを戻す場所が必要となります。

簡単に説明すると、片づけをするための前段階として整理整頓が必要になるということです。

①整理（不要なモノを捨てる）
②整頓（必要なモノを戻す場所を作る）
③片づけ（使ったあとに元に戻す）

負の片づけループから抜け出すために

整理整頓しないまま単純に片づけをすると、籠や紙袋にモノを詰め、それらを空いている床面やスペースに置いて、またその上に積み重ね、どんどん空間を占領していくことになります。それは一時的に並べただけなので、一見まとまったように見えても、すぐに散らかります。そうして負の片づけループ（繰り返しの動作）にはまるのです。

負の片づけループから抜け出すためには、正の片づけループへと変えていくしかありません。

正の片づけのループは、整理・整頓・清掃、そして毎日使ったモノを片づけてゼロに戻す習慣が基本動作になっています。

それは家だけでなく仕事に対しても同様だといえます。入ってきた業務を一つ一つ整理整頓し片づけて次へ進むのです。

なぜ日々基本動作を繰り返すのか？

その理由はシンプルで、そうすることで自分自身のコンディションが整うからです。

逆を言えば、散らかった空間や仕事を片づけずにいると、心身ともに疲れやすくなり、心の余裕がなくなるからです。散らかった環境では「ストレス」や「不安」といったネガティブな影響を受けるだけでなく、集中力も低下してしまうのです。

今や私にとって整理・整頓・清掃・片づけの基本動作は、「お風呂」や「睡眠をしっかりとる」ことと同じで、一日動いて頑張った身体をお風呂に入りリセットする、さらにしっかり睡眠をとることで脳も身体もリセットすることと同様な習慣です。そうすることで翌朝スッキリと目覚め一日を気持ち良くスタートさせることができます。このように一日のサイクルの中で使ったら戻す、使い終わったらキレイに掃除をする、始めたら終わらせる、の基本動作を繰り返し行うことで、いつでも気持ち良くスタートできるようにしています。

また、そうすることで、時間を何倍にも有意義なものに変えることができます。

もちろんそれ以外にも心身を整えるために、サウナやヨガ、マインドフルネス、座禅や運動、趣味、気の合う仲間とのおしゃべりなどもあります。

ですがどうでしょう？　そうして整えたとしても、実際に家が乱雑で仕事が溜まった状態であれば、その効果は半減するのではないでしょうか？

例えば、気の合う仲間と美味しい食事をして、楽しい気持ちで帰宅したとしましょう。ところが玄関を開けた瞬間、一気に現実世界へ引き戻されたという経験はないでしょうか？

散らかっていることで大切な時間を無駄にしている

バラバラに靴が置かれ、宅配便は未開封のまま廊下に置きっ放し、シンクには食器、脱衣所には洗濯物の山が残され、ダイニングテーブルの椅子の背もたれには脱いだままの服がかけられ、食卓テーブルやカウンターの上には書類や不要なモノが積み重ねられたままだとしたら、ほんの少し前までオシャレして友人たちと楽しく過ごした時間の余韻に浸るどころか、やるべきことが溜まった状態の中で、現在抱えている仕事のことまで思い出す。あれもやらなきゃこれもやらなきゃと気持ちだけが焦り、しまいには現実逃避するようにスマホを触る。そんな経験です。

だからこそ私は、大切な時間をさらに有意義にするためにも、家も仕事も一つ一つ整理整頓し続けます。

大事なのは、がむしゃらに片づけるのではなく、片づけをしやすい仕組みづくりと、日々使ったら片づける習慣を持つことです。

そして日々、片づける習慣を持つことで人生は必ず好転するはずです。

本書でこれから紹介することは、私が実践した脱「片づけは永遠のテーマ」のメソッドです。

もう少し付け加えれば、自分を磨くためのメソッドでもあります。

このメソッドが、これまでの負の片づけループから抜け出すきっかけ、またあなたの人生を正のループに変えてピカピカに磨かれた強固なものにするきっかけになれば、最高にうれしく思います。

悩んで考えてばかりの自分から脱出して行動を起こすことで「運」を動かしましょう。

片づけの仕事を始めて15年。思い起こせば、あるＴＶ番組を見て自宅の片づけを始めたことがきっかけでした。

それはちょうど今から16年前。

第三子である長女を出産し授乳していたある日のこと。何気なくつけたＴＶ番組で目にしたのは、赤字だった企業を黒字化させた取り組みの話でした。その取り組みとは、整理・整頓・清掃をすること。たったそれだけのシンプルなものでした。

整理、不要なモノを徹底的に捨て、整頓、誰でも必要なモノが使いたいとき、使いたい分だけさっと取れて戻せるように整え、清掃、汚れを取り除き、ピカピカに磨くことでした。

それらを整理（ＳＥＩＲＩ）・整頓（ＳＥＩＴＯＮ）・清掃（ＳＥＩＳＯＵ）とローマ字にしたときに頭文字にＳが３つあることから、３Ｓ（サンエス）と呼ばれていました。

これは企業だけでなく個人でも使える手法です。

「整理」して「整頓」して「清掃」します。

3Sは、それぞれを言葉通りの順番で行うシンプルなものです。

「片づけ・そうじ」と「3S」は違います。

「片づけ」とは、乱雑に置かれたモノをまとめ整え元に戻すこと。それだと不要なモノまでもまとめることになりますし、そもそもモノを戻す場所が決まっていないので単純に整列させただけになります。それでは一見キレイに見えてもすぐにまた散らかってしまいます。

「掃除」とは、ごみやほこりを取り除きキレイにすること。ですが、たくさんのモノがあると、隅々まで掃除するのに時間も労力もかかります。目で見えるところのほんの3割程度の掃除になっている場合が、ほとんどです。

では、3Sはどうでしょう？

「3S」とは、片づかない原因、汚れる原因を徹底的になくすことです。

・徹底的に整理して、
・徹底的に整頓して、
・徹底的に清掃します。

それが３Ｓです。
不要なモノを徹底的に捨てて、整理の基準を作り、誰でも必要なモノが使いたいとき、使いたい分だけさっと取れて戻せる仕組みを作り、汚れにくい環境を作り、いつでもピカピカに磨かれていること。

それが３Ｓなのです。
そしてもう一つ大切なことがあります。

それは習慣です。
本書では３Ｓ（整理・整頓・清掃）＋習慣（ＳＨＵＫＡＮ）で４Ｓと呼びます。

4Sの習慣とは、

徹底的に3Sを行ったあとに、

①整理された状態

②整頓された状態

③清掃された状態

（以後①②③の状態を「ゼロ」と呼びますを維持管理すること。つまり常にゼロに戻す習慣です。

また、習慣化されているかどうかを判断する基準は2つあります。

①それをやらなければ、違和感を感じる。

②頭で考えることなく、無意識に行動できる。

そのような基準で習慣化できると、無意識かつ時間をかけることなく片づけ、掃除ができるようなり、簡単にササっとゼロに戻すことができます。それだけでなくゼロに戻すことが楽しいとまで思えるようになります。

正直、私が４Ｓを無意識にできるようになるまで、数十年という月日がかかりました。

なぜ、数十年の月日がかかったのでしょうか？

それは、家の４Ｓ、仕事の４Ｓを行うにあたり、時間、思考、人間関係、行動の４Ｓも必要だからです。

全て繋がっており何か一つだけでは途中行き詰ります。

人生は課題の連続です。その課題を解決するためにも、４Ｓが必要なのです。

それに気づくまでに時間を要しました。

人生のステージの中で特に壮年期は、仕事のこと、家のこと、家族のことなど、やるべきことが単純に多い年代で、仕事上での悩みや、子育ての悩み、人間関係の悩みなどもたくさんありました。いつも頭の中が散らかり酸欠状態でしたが、その違和感を言語化できず、何から解決したらいいのかも分からない。私はそのような状態の中でやることに追われ、お金にも気持ちにも余裕のない日々を送っていました。

「部屋は自分自身を映し出す鏡」とはよく言ったもので、自分に余裕がなくなると、部屋はあっという間に散らかり汚れ、しまいには部屋をキレイに整えることすらどうでもよくなってくるのです。正直それどころではなくなるのです。私の場合、そうしてしばらく散らかり放題の部屋の中で過ごすと同時に食も乱れ、食事を作ることもしたくなくなります。そうなると経済的に余裕があるわけでもないのに外食やファストフードやコンビニの利用率も高くなる。それだけではありません。睡眠も乱れます。寝る前にあえて見なくてもいいテレビを見て、だらだらとスマホで動画を見ながらソファの上で寝落ちする、そして翌朝、身体はガチガチで起きた瞬間から疲れを感じます。

そうして、部屋が汚れ、お金は減り、疲労感と脂肪が蓄積されるといった負のスパイラルに入ってしまうのです。

ですが、とことんまでその状況で過ごすと、急にふとしたきっかけで我に返ったように一気に片づけ掃除を始め、部屋をキレイにします。部屋がキレイに整うと気持ちがスーと楽に呼吸しやすくなり、再スタートできる感覚になります。ですが、残念なことにいくら部屋が整ったからといって、根本的なことが解決できたわけではないので、また同じことを繰り返すといった感じでした。

アップダウンは疲れます。振り子の振り幅が大きいのも疲れます。いつもニュートラルでいられたら。いつもゼロの状態でいられたらとよく思っていました。

そしてあるときふと気づいたのです。「中途半端に部屋もやるべきことも片づけていた」と。中途半端な片づけになっていたことで、散らかったモノやコトをまとめ、整えただけになっていたからすぐにまた散らかり、また片づける、を繰り返していたのだと。

そうならないよう、いつも安定して部屋も心も整え軽くなるためには、単に片づけや掃除ではなく、徹底的に部屋も仕事も経済も行動も思考も人間関係も整理・整頓・清掃をして、３Ｓされた状態をキープする、そして習慣が加わり４Ｓまでできるようになって初めて最適な状態でいられる自分になれるのだと。

徹底的に4Sまでできるようになることで、「モノ」も「タスク」も「悩むこと」も減ります。減るだけでなく、やるべきことを最後までちゃんと終わらせ、気持ち良く次へと進むことができるようになります。そして何をするにも準備が早くなり、思考もスッキリしていることで判断力、決断力が身に付き、何事に対してもスタートが早くなります。そればかりではありません。時間が増えるのです。時間は誰にも一日24時間と、同じ条件で供給されます。もちろんその時間が増えるわけではありません。自由に使える時間が増えるのです。

過去の私は毎日忙しい時間を送っていました。その私に今こうして執筆をする時間ができ、やりたいことリスト（バケットリスト）を作り、やりたかったことにどんどんトライしています。そして自分の気持ちに耳を傾け、素直に誠実に生きることができているのは、「そうなりたい」と思う本気度が高く、アップダウンがありながらもあきらめずに目標に向かい続けたからだということに尽きます。

「ローマは一日にして成らず」です。


私の人生ロードを右に進むのか？

左に進むのか？

それとも真っすぐ進むのか？

その道を選ぶ基準や判断力、決断力を身に付けられたのも、モノやコトや思考と向き合い取捨選択を繰り返し行ってきたからだと強く思います。

もちろん選択したことが全て結果的に正しいことでない場合もあります。ですが、たとえ選んだことの結果が期待と違ったとしても、自分の選択に責任を持ち、思考を切り替えることができるようになったことも一つ一つの経験を通して身に付けた技です。


「整理」を行う課程で自分自身を深く知ることができます。

どんなモノが好きなのか？

何を大切にしたいと思っているのか？

何に対して違和感を感じているのか？

何をしているときに幸せと感じるのか？

どんなことで行き詰まっているのか？

何に対してイラっとするのか？

どんなことを大事にしたいと思っているのか？

自分の人生にとって必要なカテゴリーは何なのか？


整理するために一つ一つ自分自身に問いかけ、答えを言語化していくのです。

言語化することで必ず「自分基準」ができてきます。そして自分基準を知ることで、取捨選択がしやすくなります。

例えば、誰かと何かを始めようかどうか迷ったとき、もし少しでも違和感を感じたのであれば、それは自分が進むべきではないのかもしれないと一旦冷静になって考え、それ以上進まず迂回することもできるようになるでしょう。それができたら時間泥棒によるムダな時間自体をなくすことができ、ムダに悩むこともなくなります。


自分基準を持つということは自分自身の取り扱い説明書でもあり、正しい道へ進むための羅針盤になるでしょう。

そしていつでも部屋にも思考にも行動にもメンタルにもコンディションを整えるための4Sを行うことで、部屋はいつも快適で心も身体も整える空間へと変わり、大げさかもしれませんが自分と一体化する空間へと変わります。

ここで、自分基準を知る第一歩として大事な空間の4Sのゴールについて紹介いたします。

1. 整理＝必要以上にモノ・コトを持たないこと。
2. 整頓＝使いたいモノや情報がいつでも使える状態であること。
3. 清掃＝汚れを除去しピカピカに磨くこと。
4. 習慣＝3Sをキープする習慣を持つこと。

では、具体的な方法に入る前に少しだけこれまでの私についてお話しさせてください。

1

整理

必要以上にモノ・コトを
持たないこと。

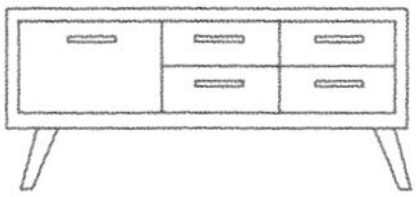

2

整頓

使いたいモノや情報が
いつでも使える状態であること。

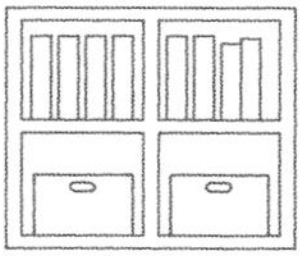

3

清掃

汚れを除去し
ピカピカに磨くこと。

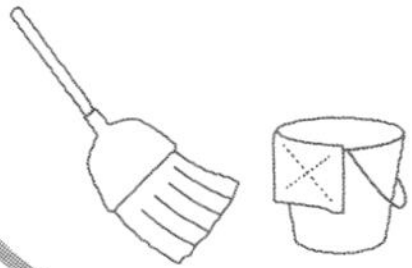

4

習慣

３Ｓをキープする
習慣を持つこと。

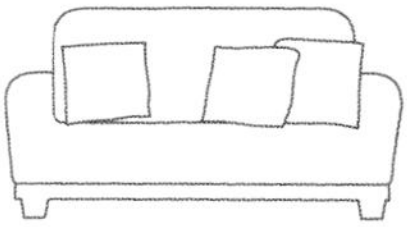

第1章

片づけられない生活からの脱却！

今からちょうど16年前

第三子である長女を出産したある日のこと、授乳中に何気に見たＴＶ番組で、赤字だった企業を黒字化にした取り組みについて紹介していました。その取り組みとは、整理（ＳＥＩＲＩ）・整頓（ＳＥＩＴＯＮ）・清掃（ＳＥＩＳＯＵ）の３Ｓ（サンエス）で、不要なモノを徹底的に捨て、業務に直結したモノだけを残したあと、それらを使いやすいように適材適所に配置して、モノや空間をピカピカに磨き上げることでした。結果そうすることでムダがなくなって生産性が上がり、利益率も上がったというのです。

「３Ｓ」と呼ばれる理由は、整理・整頓・清掃（ＳＥＩＲＩ・ＳＥＩＴＯＮ・ＳＥＩＳＯＵ）をローマ字にすると頭文字のＳが３つあるからです。主に製造業などではさらに清潔（ＳＥＩＫＥＴＳＵ）・躾（ＳＨＩＴＳＵＫＥ）の２Ｓが足され５Ｓとなり、実践されています。世界的に有名な日本の自動車メーカーも５Ｓに積極的に取り組んでおり、今では製造業以外でも多様な業種、業界のカイゼン活動の一環として行われています。

私はその番組を通して3Sを知り、なぜかワクワクしたものを感じました。そして、もし仮に3Sをすることで会社が変わったのであれば、家庭にも3Sは必要なのではないか、と思い始めました。すると、これまで当たり前だった家の中のあらゆるところが気になるようになり、自己流で3Sをしまくりました。それが、片づけとお掃除の会社を始めるきっかけとなり、今では仕事となりました。

片づけができない私

私は、料理や掃除、家事全般が得意で食事の管理にうるさい母と、生活習慣に厳しい父のもと真面目で几帳面な姉とおっとり系の兄、そして私という3人兄弟の末っ子として育ちました。

子供の頃の私は、勉強が嫌いで、夏休みの宿題は後半ギリギリになっても終わらず、毎朝遅刻ギリギリに登校する子供でした。

小学1年生のときのこと。登校して席に着いてランドセルを開けると、ものの見事に中身が空っぽで大泣きしたこともありました。

習慣とは恐ろしいもので、そんな幼少期から成人してもほぼ変わることもなく、職場では就業時間ピッタリに滑り込むというのがお決まりで、その都度「明日はゆとりを持って出勤しよう」と誓うのですが、無限ループにはまったかのように毎朝同じことを繰り返すというのが、いわばルーティンになっていました。決して仕事が嫌いで出勤することが嫌だったわけではありません。むしろ仕事はライフワークの一部で生きがいでもありました。

ブライダルコーディネーターとして働いていたときのことです。私は「片づけをしていない」ことが原因で大きな失敗をしたことがありました。ブライダルコーディネーターの主な業務は、新郎新婦に代わり、いろいろなモノやコトを手配し、滞りなく無事に挙式を迎えていただくことです。

相変わらず、ギリギリに出勤して整わないまま仕事を始め、多数の案件を抱え込み、残業して疲れて帰る毎日で、月に6日の休みには、午前中いっぱい寝て昼前に起き、午後ふとしたときに「あっ！　あの件連絡したっけ？　そういえばあれ発注したっけ？」と気になり、車で片道45分の職場へ行き、その仕事を終わらせると、あっという間に夕方になり休みが終わる、を繰り返していました。今思えばあの頃の私にとってはそれが片づけだったのだと思います。

そんなとき、事件は起きました。数か月かけて挙式の打ち合わせを重ねてきた新郎新婦の大切なブーケの発注を忘れる、というアクシデントを起こしてしまったのです。

通常、新婦と事前に打ち合わせしたブーケを挙式日1か月前には生花店へ発注します。そして挙式当日、届いたブーケはお仕度室のブーケスタンドにセッティングされます。花嫁衣裳にお仕度するために訪れた新婦が、これまで思い描いていたブーケとご対面する瞬間でもあり、これから始まる挙式へと気持ちを高めながらお仕度を始めるというのが演出の一部にもなっております。ですがその日、お仕度担当の美容スタッフから「まだブーケが届けられてない」と連絡があり、挙式担当だった私は一瞬頭が真っ白になりました。そしてしばらくフリーズしたあと発注書を探しましたがどこにも見当たらず、そこで発注していないことに気づきました。

「ヤバい！　やってしまった！」

と慌てふためき、生花店へ頭を下げて頼み込み、挙式リハーサル5分前に届けてもらったのです。

幸運にも周りに助けられて無事切り抜けることができましたが、もう二度とあのような思いはしたくありません。

日々書類を見直し整理整頓することを仕事の一つとしてできていたら、あのような失敗は起こらなかったことでしょう。

結婚、出産、起業そして離婚

そんな私はその後、結婚、出産し、TV番組がきっかけで3Sを知り、我が家で実践したことがきっかけで37歳の年に起業、そして42歳で離婚という道を選択し、シングルマザーになりました。シングルマザーとして生きることは思っていたよりも何十倍も大変で、母としても経営者としても家計と事業資金を確保することが最優先任務となり、心休まることはありませんでした。

次男の反抗期

そんなある日、当時小学5年生の次男の反抗期も相まって、些細なことから親子喧嘩が勃発しました。

「何で離婚したんだよ！　クソババー」と言われたとき、離婚したことの重みと責任をひしひしと感じました。

このままではいけないと思いつつもどうしたらいいのか分からず、時間だけが経ちました。そんなある日、ある女性の方がにっこりと笑顔で私を見つめ、「片づけの仕事をしていても、何だかいろいろゴチャゴチャして大変そうね。もし嫌じゃなければライフコーチを紹介するからコーチングを受けてみたら？」とアドバイスをくださり、藁にも縋る思いで何の迷いもなく受けてみることに。

片づけはモノだけではない

コーチング1回60分、計8回のセッションで、今話したいことや感じたことをただただ話し、心にあるものを全て言葉にして出しました。するとライフコーチが私にこう言いました。

「今ここでやっていることは、あなたが仕事としている片づけの方法と同じではありませんか？　家の片づけは持っているモノを全部出して、分けて、減らして、戻す。コーチングの場合はモノではなく自分自身の中にしまい込んでいる思考や感情を全部出して、分けて、減らして、戻す、をしているだけなんです」

私はハッとしました。そして、そのとき初めて「片づけはモノだけではない」と知りました。

ちょうどその頃、企業向けの5S（整理・整頓・清掃・清潔・躾）コンサルの手法を学ぶ塾に通っていました。受講生は経営者やそれぞれの会社の役職ある方、私のように5Sコンサルタント志望の生徒たちでした。その中で女性は私一人。授業は週末の午後行われ、授業が終わればみんなで食事に行くのがお決まりでした。私は家のことや子供たちのことが気になるので正直、直帰したかったのですが、私のプライベートな状況を話すとその場がしらけてしまうと思い断れずに、その時間を負担に感じながらも会食に参加していました。ですがコーチングを受けて本当の気持ちを表に出そうと決め、負担に感じている時間を整理し、退塾することにしました。その決断のおかげでこれまで塾生として学んだことを実際に仕事として実践することを決意し、企業向け業務改善コンサルタントとして旗を上げました。

長男の不登校

それから徐々に次男の反抗期も落ち着き、少しずつ母と子の4人暮らしに慣れてきた頃でした。

毎年秋に行われる地元新聞社主催の住宅関連のイベントでの講演依頼があり、登壇することになったのですが、講演会当日の朝のことです。

その日は11月の文化の日で、当時中学2年生だった長男が通う学校では文化祭が行われる日でした。私は相変わらず自分の事でいっぱいで子供の学校行事のことを忘れており、私自身もその日は講演会の準備で、バタバタした朝を過ごしていました。ちょうど8時30分頃だったと思います。慌てて起きてきた長男が制服に着替えているのを見て、私は文化祭があることに気づきました。長男は朝食もとらず慌てて出ていくとすぐに「筆記用具を忘れた！」と言って戻ってきて、またすぐに出て行きました。学校は歩いて2～3分ほどの距離にありました。10分ほどすると長男が顔色を変えて戻ってきたのです。驚いた私が「どうしたの？」と聞くと、彼は「体育館で全体集会が始まっていて入れず戻ってきた」と言いました。その彼の返事に対して「そんな小さなことを気にしていたら人生やっていけないよ！　もう一度学校に戻りなさい」と言い返すと、彼は頭をかかえうつむいたまま「無理だ、無理だ、無理だ」と言いながら部屋をぐるぐると歩き回り始め、バルコニーから身を乗り出し（当時マンションの7階に住んでいました）下を見つめ始めました。そんな息子に「お願いだから部屋に入って」と叫ぶ私と、そんな私の様子に驚き、小さく身を寄せる弟と妹がいました。一刻一刻と講演会の時間が迫りどうしていいのか分からないまま、隣町に住んでいる姉に子供たちのことをお願いして情緒が不安定なままセミナー会場へと向かいました。

皮肉にもそのときの講演会のテーマは「幸せになるためのお片づけ」でした。舞台袖から見える会場には多くの方が着席しており、会場は満員御礼で増席するほどでした。舞台袖に立つ私は開始5分前にもかかわらず、涙が止まらず、こんな私が話す資格があるのか？とネガティブな感情ばかりが沸く中、同行してもらったスタッフに励まされ舞台へと向かいました。講演会で「部屋を片づけて環境を整えることは、家庭経営にとって大切です」と話す私の心の中は、「毎日片づけても私の家庭は今大変なんです。幸せとは言えません」と叫びたい気持ちでいっぱいでした。

晴れのち曇り、曇りのち晴れ

その年の文化の日以降、長男は一度も登校することはありませんでした。

その頃、一番末の娘は小学3年生になっていました。3年生になると、これまで通っていた学童保育に行きたがらなくなったのですが、その妹を長男が私に代わり「おかえり」と迎え入れてくれました。正直、シングルで働く母にとってそれはとてもありがたいことでした。そして月日が経ち、中学の卒業式を迎える季節のある日、ポストを開けると学校から個別卒業式の案内が届いていました。そのことを長男に話してみると、思いもよらず「いいよ。参加する」と言ったのです。驚きを隠せませんでしたが、内心当日の朝まではどうなるか分からないと思っていました。そして、卒業式当日の朝になりました。久しぶりに制服を着た息子を見て一瞬涙がこぼれそうになりましたが、彼の足元を見ると、身長が伸びたことで制服のズボンが短くなっていて、二人とも笑ってしまいました。そして丈の短いズボンのまま1年半ぶりに2人で校門をくぐり校長室へと向かいました。

校長室で行われる個別卒業式は、校長先生、担任の先生、学年主任の先生と私と息子の5人だけの小さな卒業式でした。通常の式典と同じように卒業証書を授与されると、校長先生が「今の気持ちをお母さんに聞かせてあげてください」と長男に言いました。すると彼は、校長先生のほうから私のほうへ向きを変え、真っすぐな目で、「不登校になったあの日から僕のことを認めて寄り添ってくれて、ありがとうございました」と深く一礼したのです。その瞬間、私は恥ずかし気もなく大きな声でワンワン泣きました。そして無事卒業式を終え校長室のドアを開けると、廊下から玄関先まで先生方が花道のアーチを作って待っていてくれました。それを見てまたもや泣きながらアーチをくぐったことは、きっと息子よりも私にとって大きな一生大切な思い出となりました。そんな息子も現在22歳。中学卒業のあと、高校へ進学し、もうすぐ大学の卒業式を迎えます。

パンデミックのおかげで

片づけお掃除の会社を起業し、コンサルタントとしてのスキルも身に付けたものの、思いと経営はまったく別モノで一筋縄ではいきませんでした。経営や会計の知識も乏しく、資金計画や調達、集客、そして人材管理や育成など課題が山積みの中、組織の立て直しを進めていく半ばに大切な従業員が離れてしまうという出来事があり、経営者としての未熟さとそれでも前に進み続けなければという思いの中で、方向を見失いそうになっていました。その頃の私はいつも疲れていて、帰宅するとソファーに横になり、見たくもないテレビをだらだらと見ながら寝落ちしてはソファーの上で朝を迎える、ということがよくありました。食生活の乱れから、気づいたら体重は10キロ以上増加し、これまで好きだった服も着られず鏡すら見ることができなくなっていました。そしてさらに追い打ちをかけるように、２０２０年初頭から始まった「新型コロナウイルス感染症」によるパンデミックで仕事が激減するといった予想もしない出来事が起きました。いろいろなことで自信喪失していた私にとって「ロックダウン」「ステイホーム」「外出制限」は、私に休息と考える時間を与えてくれました。ちょうどコロナも落ち着いた頃のことです。私は50歳を目前にして子育ても落ち着き始めたタイミングで、これからの人生を心身ともに軽く生きていきたくて、部屋だけでなく仕事、行動、思考の４Ｓを始めました。

第2章

アイテム別の分類が「整理」のカギ 選ぶ力の磨き方

最初に説明した通り、４Ｓのゴールは、

1．整理＝必要以上にモノ・コトを持たないこと。
2．整頓＝使いたいモノや情報がいつでも使える状態であること。
3．清掃＝汚れを除去しピカピカにすること。
4．習慣＝３Ｓをキープする習慣を持つこと。

その第一歩は「整理」です。
整理整頓という言葉の通り、整理したあとに整頓をします。

整理ができたら8割成功したといっても過言ではありません。
部屋の片づけを例にしますと、私はこれまで８００件以上の部屋の片づけに携わってきました。その経験からも言えることですが、整理抜きに整頓をしようとするとムダが発生してしまいます。そのムダとは、

①スペースのムダ
②収納アイテムのムダ

③ 収納アイテムを購入する費用と時間のムダ
④ 整頓にかかる時間のムダ

そして、モノが多いと片づけをする量や掃除の作業工程が単純に多くなるため、掃除の習慣化が困難になります。
ムダがないシンプルな状態にするためには、正しく整理することから始めることが大切です。

整理とは、不要なモノを手放し、必要なモノを必要な量だけ残すことです。
整理する基準はとてもシンプルです。
「使う」「使わない」の2択です。
ですが、整理することが苦手な人はその2択だけでは選べません。

理由は、選ぶ基準がないからです。

要（使うモノ）・不要（使わないモノ）の基準は人それぞれ違います。整理することが苦手な方は、その基準を持っていないために捨てられません。

（使う・使わないでは選べない人もいる）

以前、私が片づけの仕事を始めたばかりの頃、服の整理を依頼されました。経験値が浅かった私は、「着る」「着ない」「迷う」で分けた箱を用意し、一枚一枚手に取って「着るか？　着ないか？　迷う」で選んでいただき、それぞれの箱に入れるというやり方をしていました。その結果、「着る8割」「着ない1割」「迷う1割」という割合になってしまい、時間がかかった割にはほぼ減らず私もお客様も困ってしまった経験がありました。

（自分基準ではなく他人基準で選ぶと失敗する）

例えば、「1年以内に使わなかったモノは捨てましょう」という基準で整理を始めたとします。自分基準でそのルールを決めた人はそれでいいのですが、他人基準で整理する場合、いざ捨てるときの心の中は「来年は着るかもしれない。状態が良いのに捨てるのはもったいない。高かったのに？　本当にこれでいいの？」と、捨てたあとにモヤモヤとした気持ちが残ってしまいます。さらに一旦捨てたモノが必要だったと感じたことがあれば、「整理すること＝不安・嫌なこと」になってしまいます。

だからこそ整理をするための自分基準が必要なのです。

では、どうやって整理の自分基準を持つことができるのか？

それは、モノと向き合い続けるしかないのです。

例えば、車の運転でも初心者のときは、車線変更するだけでもドキドキして、高速道路で合流するときも怖かったのに、毎日運転し続けることで、教習所で習ったことを頭で考えず無意識にできるようになります。それと同じで、整理も繰り返し行うことで必ず上達します。

上達するためにはそれに向き合い、選ぶ経験を増やす。ただそれだけなのです。

ここから、実際にプロが現場で行う整理の方法と技術を紹介します。

選ぶ力を磨く

例えば、クローゼットの整理整頓をする場合、整理初心者さんは、整理することが必要だと分かっていても、棚を増やせるのか？　衣装ケースを買い足したほうがよいのか？　突っ張り棒を足せるのか？　便利ハンガーを使うか？など、収納術から先に考えてしまいます。

忘れてはいけないのは、整理整頓という言葉の通り、整理したあとに整頓なのです。繰り返しになりますが、収納（整頓）の前にやるべきことが整理です。

では、整理の自分基準を知るために「整理の3ステップ」から始めましょう。

整理の3ステップとは、「出して」「分けて」「選ぶ」です。

ステップ①「出す」。

ステップ②「分ける＝分類」アイテム別で分けます。

ステップ③「選ぶ」同じアイテムの中で比較して選びます。

選びやすくするためには分類が大事な要素になり、「分類を制する者は整理をも制す」なのです。

分類をする場合は、アイテム別に大項目、中項目、小項目に分類するとさらに整理しやすくなります。

毎日何気なく使っているモノですが、アイテム別に分けることで現在所有している量も把握できます。

それではアイテム別分類例をご紹介します。

●大項目＝「文房具」
中項目＝「書くもの」
小項目＝「ボールペン・蛍光ペン・鉛筆・マーカーペン」など

●大項目＝「食器」
中項目＝「平皿・深皿・小皿・ご飯茶碗・汁椀・どんぶり鉢」など

次に、中項目の中の平皿をさらに分類すると、
小項目＝「平皿大・平皿中・平皿小」
となります。

●大分類＝「カップ」
中分類＝「コップ・マグカップ・ジョッキ・湯呑・カップ&ソーサー」など
小分類＝コップの場合「グラス・プラスチックコップ・タンブラー」など

●大分類＝「衣服」（※服を整理する場合は個人別で行います）
中分類＝「スーツ・ジャケット・ワンピース・スカート・パンツ・カーディガン・パーカー・トレーナー・シャツ・ブラウス・カットソー・Tシャツ・ノースリーブ」など
小分類＝シャツの場合は「半袖シャツ・長袖シャツ」

このように、それぞれのアイテムを大分類・中分類・小分類で分けたあとは、ステップ③の「選ぶ」です。

では、早速自分基準を意識しながら服を選んでみましょう。

①ダメージがあるものは整理する

衣服も消耗品の一つです。生地の経年劣化（色落ち、コシがなくなる、シミ）や破れ、ほころびがある状態で着続けると、自分自身のテンションが上がらないだけでなく、他人からの信頼度も下がります。もし仮にクリーニングや補修を考えるのであれば、費用対効果を考え、思い切って整理しましょう。

※新しく購入した服を着たときと着古した服を着たときのテンションは、完全に違います。大切な人に会うときに着たいかどうかを基準にしてもよいでしょう。

②これから1年以内に使いたいモノ、着たい服を残す。

1年間着なかった服ではなく、1年以内に着たい服を選び残しましょう。

以前お客様の服を一緒に整理していたときのことです。サマードレスを手に取り、「1年間着ていないので捨てたほうがいいですか？」と質問されました。

その質問に対して、私が、「前回着たのはいつ頃ですか？」と聞くと、「2年前の夏、旅行先でひとめぼれして買ったのですが、昨年は着る機会がなくて」と答えました。

そこで私が「今年の夏着る機会を先に作るのはいかがでしょうか？」と言うと、「そうですね！　今から夏の旅行を計画して着ることにします」と笑顔でおっしゃいました。

③迷ったら「なぜ使っていないのか？」「なぜ着ていないのか？」理由を考えます。

これまで意識することなく残してきた服を全部出し、なぜ着ていないのか？と理由を考えると、必ず着ない理由が出てきます。

例えば、「丈が短すぎる」とか、「以前は似合っていたけど今は似合わなくなった」「単純に色や形が好きじゃなくなった」「着心地が悪い」「着る機会がほとんどなくなった」など実は着ない理由がちゃんとあります。着ない理由が明確になったら今この瞬間がお別れ時になるでしょう。

④コーディネートできない服は潔く手放す。

よくあるのが、「合わせる服がない」というケースです。

服を購入するときに上下別々で購入する場合がありますよね。素敵なトップスを見つけて購入したのはよいけれど、家にその服に合うパンツやスカートがない場合、購入した服に合わせられる服と出会うまで出番待ちになるどころか、服の存在すら忘れられて早数年という話もよくあります。そんなときは潔くその服を求めている人にお譲りしましょう。

こうして、着ない理由を明確にすることで自分基準が分かるようになり、その問いを繰り返し行えばどんどん判断基準値が上がり、選ぶ時間も短くなってきます。それだけではありません。服を購入する際に店員さんに薦められても、自分基準を知っているので迷うことなくきっぱり断ることができるようになります。

整理上手は買い物上手なのです。

⑤モノとコトのバランスをとる。

とあるクリニックの院長先生のお宅でのお話です。奥様とキッチンの整理整頓を一緒に行ったときのこと。食器棚にはたくさんの器がありました。奥様から「いつの間にかこんなに増えちゃって、捨てたほうがよいですよね？」と聞かれ、「どうして器が増えたのですか?」と理由を尋ねたところ、「クリニックを開業して35年間、同じ建物内にある住宅とクリニックとの行き来だけでほとんど外出できない主人に、せめて3度の食事を美味しく食べてほしいと思っていたら、いつの間にか器にも凝るようになりました」とおっしゃいました。実際に器を使ってやるコトがあるのであれば、捨てる必要はありません。ここでやるべきことは捨てることでなく、器の出し入れを簡単にするための整頓です。

大事なことは、今現在の暮らしの中で、そのモノを使って行動するコトがあるかどうか?「モノ」「コト」の量のバランスが取れているか?です。

量が多いことがダメなのではなく、モノ、コトのバランスが合っているのであれば捨てる必要は一切ありません。

結果として、使いづらい形状、ひび割れがあるモノ、ご自身がお好きでないモノを整理し、残った食器を一つ一つ簡単に出し入れしやすいように食器棚の棚板を造作依頼し増やしました。使いやすくなったキッチンでお料理をされている姿を思い浮かべるだけで私も幸せな気持ちになりました。

もちろん逆のケースもあります。

分かりやすい例から言うと、「お客様用食器」です。

お客様用食器とは、名前の通り普段は使わず、お客様が来たときにここぞと出す食器類のことです。上等な器、カップ&ソーサー・ティースプーンセット、大皿などがよくあるパターンです。

お客様と食器を分類していたときのことです。その分類の中に「お客様用食器」と分けたモノがありました。そこで私が「お客様をよくお招きなさるのですか?」と質問すると、「昔は頻繁に呼んでいたのですが、今は仕事も忙しくてほとんどありません……」とおっしゃいました。

そして少し考えて、「もし呼ぶとしたら子供の誕生日会のときぐらいですね。そのときは使い捨ての食器を使って、これまでお客様用食器として残していたモノは家族で普段使いします」と言われました。

このようなケースはよくある話です。積極的にお客様を呼ぶ機会がないのに、お客様用食器を残している。その状態を私は「モノとコトのバランスが取れていない」と表現します。

選ぶ基準は、「現在＝1年」だけにフォーカスすることです。限られた食器棚の中に、過去に使っていた食器や、これから使うかもしれない未来の食器を収めることで、毎日使う食器が収められず暮らしづらいのであれば、意味がありません。

モノ選びに必要な基準として大事なのは、現在、過去、未来のうち、「現在＝1年」だけにフォーカスすること。過去でもなく、未来でもない、今ここにある生活スタイルを大事に考え、現在の暮らし方に合わせてモノを持つこと。暮らし方の変化があれば、持っているモノも変化していきます。ただその変化に合わせるだけなのです。

⑥残す基準＝マイルールを作る。
（紙袋編）

皆さんの家には紙袋は何枚くらいありますか？

何枚ではなく何十枚と聞くほうが適切かもしれません。なぜならば、整理整頓のご依頼をいただいた9割近い方が、紙袋の中に紙袋を入れパンパンにストックされているからです。

なぜ紙袋を大事に残してしまうのか？

それには諸説ありますが、一説には日本独特の「風呂敷文化」が原因といわれています。昔はモノを包んで持ち運ぶ道具として風呂敷が使われていましたが、現在ではそれが紙袋に代わりました。そのため、モノを運ぶ紙袋を大事に使う風潮になったのでは？ということです。ほかにも諸説あるようです。

それでは実際の事例を紹介します。

お客様に「紙袋はどんなときに使いますか？」と質問すると、大抵の方から「誰かに何かを渡すときに使います」と答えが返ってきます。そして「1年間にそのために紙袋を使う回数はどれくらいですか？」と聞くと、「……考えてみると正直ほぼゼロに近いです。仮にプレゼントを渡すとしたら購入したお店の袋に入れて渡します」という答えが返ってきます。

適正量を知りましょう

紙袋の使い道とその頻度を考えてみましょう。

例えば、誰かに何かを渡すときに使う頻度が年間2回。

書類等を持ち運ぶときに使う頻度が年間3回だとしたら、合わせて5回。

そうした場合、常に5枚あればよいのです。もしそれでも不安であればその倍の10枚あれば十分事足りるでしょう。

使いやすい形状を知りましょう

例えば、特に高級ブランドの紙袋の場合、「捨てるのがもったいない」とおっしゃる方も多くいます。中でも時計やジュエリーを購入したときのとても小さな袋、使い道はほぼないものの、ブランドということだけで、何となく残している方がほとんどです。

そこで残す基準＝マイルールとして、使いやすい形・サイズ・素材を決めて、それ以外は全部整理しましょう。

同様に包装紙やリボン、空いたお菓子の缶などにも同じことがいえます。

包装紙やリボンは何のために残すのか？

空いたお菓子の缶は何のために残すのか？

使い道があるのであれば、どれくらいあれば足りるのか？を考え、モノとコトのバランスを考えて残す基準を作りましょう。

適正量をミニマムで考えると失敗する

４人家族、夫婦共働き、小学生の子供２人のご家族のお宅に訪問したときのこと。お客様より「普段使うコップは１人１つでいいと聞きました。もしそうであれば、我が家は４人家族なので４つ以外は捨てたほうがいいですか？」という質問を受けました。

そこで私がお客様に確認したことは、日常の家事のスタイルです。

「平日、朝食のあと、食器を洗う時間はありますか？」と聞くと、「その時間もなく、そのままシンクに残して出勤します」と答えました。

このケースの場合、大切なことはミニマムで考えるよりも普段の家事をスムーズに回すことができる量です。そこでアドバイスしたことは、食洗機で食器を洗う回数×家族の人数が適正量と判断しました。

つまり4人家族の場合一日2回食器を洗うとしたら、4人×2回＝8個となります。
例えば、朝、キッチンシンクに使ったコップを残したままで出勤して、帰宅後食洗機で洗っている間、使うコップが必要になります。

現在どのような家事スタイルなのか？も含め、無理のない適正量を決めることが大切です。

パジャマの適正量ってどれくらい？

パジャマの場合、ほかの服と比べると汚れることは少ないと思いますが、夏場は睡眠中に汗をかくので毎日洗濯するという方もいます。その場合、洗濯後、乾燥機にかけるのか？　干すのか？　また何時ごろ洗濯をするのか？によって適正量が変わります。

例えば、朝洗濯をして乾燥機にかける方は、各季節1、2枚あればよいと思いますが、朝洗濯をされない方、もしくは朝洗濯をして干す方でも、天気によっては夜までに乾かないということもあるので、予備としてもう1枚あると安心です。この場合でも予備のパジャマ含め適正量は各季節2～3枚となります。

コレクションや好きなモノは適正量ではなくキャパシティで決める

中には適正量で測れない場合もあります。例えばファッションが好きな方の場合、服やバッグ、靴といったアイテムは、適正量で考えるよりも、単純にファッションとしてTPOやその日の気分によって楽しんでいるのであれば「モノとコトのバランスは合っている」ということになります。

コレクションのアイテムも同じです。集めて飾ることが好きな方が適正量を決めることは難しいことだと思います。このような場合は、適正量よりも、この棚に入る分だけ、クロゼットに入る分だけなど、範囲やキャパを決めると増え続けることを防止できます。忘れてはいけないのは、大切なモノを手入れすること、維持管理することです。そのためにもキャパ決めをしていきましょう。

代用できるアイテムを選ぶ

同じ用途でも代用できるアイテムを選ぶ、という方法があります。

例えば、飲み物を飲む食器の中に、グラス、マグカップ、カップ、カップ&ソーサーの3つの種類があったとします。

その3つの中で、冷たい飲み物でも熱い飲み物どちらでも使えるのは、マグカップとカップ&ソーサーです。さらにたっぷり飲みたいときと、少しだけ飲みたい、どちらでも使えるのはマグカップといったように、絞り込み代用できるアイテムを選ぶことで、モノの量を絞ることができます。

ちなみに私は、みそ汁にもスープにも同じスープ用マグを使っています。

残す期間を決める

例えば、将来の家族計画を考えているご家族の場合、第一子が生まれたあと、マタニティー服やベビーグッズ、ベビー服など残すことがほとんどです。

ですがここで大事なのは残す期間を決めることです。

マタニティー服やベビー服の場合、出産する月によっても冬物なのか夏物なのかの違いがあり、実際、必要になったときに、第一子のおさがりの服を季節や性別の違いで着せることができず、新しいベビー服を購入するケースがあります。また、一度着た服は経年劣化するものなので、最長3年保管してタイミングが合わなければ一旦整理しましょう。

また、ベビーチェアやバウンサーなど、月齢に合わせて必要になるモノに関しては、なるべく購入せずにサブスクでレンタルできるサービスを利用すると保管スペースと管理のムダがなくなるのでお勧めです。

新米ママにとって手放すのが難しい独身時代の服たち

次に初めて出産をした新米ママの服のお話です。

独身時代に着ていたワンピースやふわふわのセーター、ブラウスたち。ところが、出産後しばらくは、胸元が開閉できる授乳用の服以外は着られなくなることがほとんど。授乳期が過ぎたとしても、赤ちゃんを抱っこする際にアクセサリーやボタンが付いている服、赤ちゃんの苦手な肌触りの服、ヒールなどは不向きなため、独身のときによく着ていた衣類やアクセサリーも育児の間はお預けになることが大半です。

そうして日々アクティブに動きやすい服装へと変化していく一方、クローゼットの8割が独身時代の服で占められているため、日常着ている服が溢れ新たに衣装ケースを買い足しスペースを占領していきます。そこで大切なのは、ライフステージが変わったときに新しい暮らしを快適にするためにも思い切って服を入れ替える気持ちを持つことです。今のライフスタイルに合わない独身時代の服は手放しましょう。

4Sの「整理」は必要以上にモノ・コトを持たないこと。
今を大切に生きるために選ぶ力に磨きをかけていきましょう。

それではここまでのおさらいです。

□出して・分けて・選ぶ。整理の3ステップ。
□分類を制すものは整理をも制す。
□残す基準＝マイルールを作る。
□ダメージがあるモノ、壊れているモノを整理する。
□選ぶ基準は、過去でも未来でもなく現在。

□これから1年以内に着たい服を選ぶ。
□使っていない理由を考える。
□モノとコトのバランスを考える。
□無理をしない適正量を知る。
□適正量を決めづらいモノはキャパシティを決める。
□代用できるアイテムを選ぶ。
□残す期間を決める。

初めはアイテムごとに分けるだけでも時間がかかってしまいます。また、これまで知らず知らずに溜まったモノを一気に出すことで絶望する方もいると思います。ですが、この作業なくしては4Sの習慣化までたどりつけないのです。習慣を持つことで、より近い将来、充実した生き方、なりたかった自分になっているでしょう。

ここからは整理にまつわるいろいろをお話しします。

整理で行動力を身に付ける

整理を決断をしたあとの行動として、分別して捨てる、リサイクルショップやフリマアプリやフリーマーケットへ出品する、もしくはリメイクして着る、クリーニングに出してもう一度着る、破損した箇所を修繕して使うなど、次の行動に移り、初めて「整理完了」となります。

4Sは行動学。これまで動いていなかったモノを動かす、その行動を起こすことで行動力も身に付くでしょう。

リサイクルショップの買取価格は二束三文ではありません！

モノの整理をする際に皆さんが悩まれることは、使えるのに使っていないモノの整理です。

今後使う用途が見つからなければ、特に私世代の場合、潔くリサイクルショップへ出すことをお勧めします。フリマアプリに出すのも手間がかかりますし、誰かにあげるとしても受け取る側の承諾を取ったり渡したりするための時間と手間が必要になります。それに比べリサイクルショップに出すのは自分の都合で持っていくだけなので簡単です。でも、二束三文でリサイクルショップに出すことに、メリットを感じていない方も少なくありません。ただ、私はこう考えます。リサイクルショップも商売ですから、仕入れは極力安いにこしたことはありません。ですが、どうでしょう？　リサイクルショップが儲かれば、必ず地方や国に毎年税金を納めることになります。その税金は私たち一人一人が納めたのも同然。そしてそれは地域へ還元されるため、極力自分の住む市町村のリサイクルショップへ出すことをお勧めしています。

整理で決断力を高める

人は毎日、1日に3万5千回も決断しているという記事を読んだことがあります。「今日は何を食べようか？」「どんな服を着ようか？」「何時に出発しようか？」「どのルートで行こうか?」。コンビニやスーパーで何を買うにしても無意識の決断の連続なのです。それだけ日々決断をするのであれば、決断疲れにならないように決断力を高める必要があります。ではどのようにして決断力を高めればよいのか？　方法はいくつかあると思いますが、考えを整理をすることによって決断力を高めることができます。「どうして使ってないのか?」「どうして購入したのか?」です。モノと向き合いその理由を一つ一つ考えることで、自分自身の基準ができます。そうして基準を明確にすることで決断するスピードも上がります。また、決断力を高めるチャンスと思ってモノと向き合い整理することで、より高めることができるでしょう。

卒業証書はいつまで保管する？

これは我が家の娘の話。中学校の卒業式を終えて帰宅したあと、部屋を片づけ始めた娘。しばらくして、娘が私に「義務教育終了しました。ありがとうございました」と言い、卒業証書を見るやいなやゴミ箱に捨てたのです。さすがの私も一瞬びっくりしましたが、娘は1日置いても、1年置いても、10年置いても同じでしょ」と言うと自分の部屋へと戻っていきました。思わず「なるほど。同感」と思いながら、彼女が幼稚園のときから年に2回、春休みと夏休みに整理整頓を一緒に続けてきたことを思い出し、これまで一緒にやってきたことからも卒業したと感じた瞬間でした。

思い出の品や写真の選び方

セミナーなどでよく聞かれることの一つに、「思い出のものや写真の整理について」があります。整理のポイントは、「残す目的」「残す量」を知ることです。残す目的の一つは「見る」、もう一つは「見てどんな感情を抱きたいか」です。

例えば思い出の品や写真を見返すと心が温かくなる、もしくは面白エピソードに思わず笑ってしまうなどのエモーショナルな感情がそれらとともに存在していると思います。思い出の品や写真は残すことが目的ではなく、さまざまな感情を思い出すためのツールなのです。それらを見て触れて得られる感情と向き合って選んでいきましょう。

次にどれだけ残すのか？　量について考えていきましょう。

溜まりに溜まった思い出の品や写真が単純に場所を占領する邪魔な存在になっていないでしょうか？

それでは何の意味もありません。だからこそ、見たいときにすぐに見られることが大切です。そのためにも適正量を知ることが大切です。

私がお勧めする量は、「見るに疲れない量」、そしてもう一つ「管理をするための手間がかからない量」です。思い出の品といっても、収めたままではホコリやカビが発生してしまいます。見返すときに汚れた状態では見る気がなくなり、またしまい込んだという経験はないでしょうか？

大切なモノだからこそ、いつでも良いコンディションで保管すれば、「見たい」という行動へと移ります。

また、コンディションの面や、保管スペースのことを考えると、思い出の品一つ一つを写真に撮るという行動が必須にはなりますが、管理は簡単になります。

ただ、この方法も同じで、「見られる量」が大切になるため、やはり選ぶという行動が必要になります。

そこでお勧めなのが、飛行機や新幹線など移動時間が長いときにスマホの中の写真整理をすることです。長距離移動のときは絶好のチャンスです。

自分の写真を選ぶ基準はただ一つ

ここで質問です。皆さん自分が写っている集合写真を受け取ったときに、真っ先に誰を見ますか？　答えは１００％に近い確率で「自分」と答えると思います。もちろん私も例外なくそうです。

誰よりも先に自分を見たあとに他の人を見ます。それだけではなく、自分がよく写っていたらそれは残す基準に入り、目をつぶっていたり、不細工に写っていたら、その写真を見返すことはありません。その写真を残す目的がない限り処分します。

理由があるなら捨てることをやめないでください

小学6年生の男の子と一緒に、思い出のモノを整理していたときのことです。一冊のアルバムを手に取ってパラパラとめくったあと、彼は躊躇なくそのアルバムをゴミ袋へ入れました。そのときゴミ袋へガサッと捨てるのを見て、お母さんは「何で捨てるの？　そのアルバムは学童保育の先生が作ってくれたものでしょ？」と言いながらゴミ袋から取り出しました。すると彼は一言「その学童園では良い思い出がないんだよ」と言いました。お母さんは一瞬驚いた表情をしていましたが、その子の気持ちを尊重して彼の嫌だった思いと一緒にアルバムを捨てました。

大嫌いな姑の写真を残すべき？

あるお客様からこんな質問がありました。「昨年姑が亡くなり、写真の整理をしようと思っています。主人も私に任せると言ってくれているのですが姑の写真を捨ててもいいのでしょうか？」

その質問に対して私が「ご主人からも委任されていますし、そこには良い思い出がないわけですから、捨ててもいいと思います。ですが、お孫さん（その方にとってはお子さん）がお姑さんにどのような感情を抱いているのかを確認してからでも遅くないと思います。ファミリーヒストリーではないですが、家族のルーツをたどることがあれば、もしかしたらおばあちゃんの写真を見たくなることがあるかもしれません。今全部捨てずに、ご主人が小さな頃一緒に写っているお姑さんの写真や、お孫さんと一緒に写っている写真があれば、それを数枚だけ残すのはどうですか？」と答えると、少しほっとしたような表情になられました。

別れた相手の写真を捨てる？

女性の多くは、元カレや元夫の写真を捨てている人が多いのではないでしょうか？

私もそのうちの一人ですが、私の場合、離婚した夫の写真を数枚だけ残しています。残す理由はただ一つ。結果として離婚してしまったけれど、子供たちにとって元夫と私はいつまでも父であり母なのです。母さんと父さんが愛し合って結婚して生まれたことの事実を知ってほしいという理由で、家族写真は残しています。

思い出の品のたらい回し

お客様のお宅でよくあることの一つに、ご夫婦が小さな頃、学生だった頃の写真や思い出の品の行き場がなく、衣装ケースに入った状態でクロゼットの奥深くに押し込められている、ということがあります。お話を聞くと、「結婚して家を建てたら、両家の親から持たされました」とのこと。「持たされた」という言葉が、思い出の品の価値について物語っています。

名刺にも鮮度がある

私は定期的に名刺の整理をします。名刺をファイリングすることは一切ありません。なぜならば、ファイリングすると整理するまでのアクションに至りにくくなるからです。実は名刺にも鮮度があると思っています。保管する期間は案外短く1、2か月程度です。一度名刺をいただいてもしばらくやりとりがない人とはその後も繋がることは少ないものです。

また、名刺をいただいたあとよくコンタクトを取る人の連絡先は携帯電話の電話帳に登録します。そうすると名刺を探す必要もありません。

電話帳の整理のタイミングは飛行機や電車での移動中です。電話帳に関しては検索してすぐに探せるので、あえて整理することも必要ないとは思いますが、一定期間だけ連絡を取り合う人、例えば子供の友人たちの父母や塾の先生の連絡先は時期を見て整理しています。

情報の整理

スマホのメモに残した情報や写真も、飛行機や電車での移動中によく整理をします。情報はアウトプットして初めて活かされるものです。ストックすることに意味はありません。

習い事の整理

友人の勧めで通い始めたパーソナルトレーニングジムのレッスン。キツイ筋トレと有酸素運動を繰り返すのですがどうしても好きになれず、ジムに行く前は憂鬱になるんです。そこでその憂鬱になることを整理しました。その後、好きな音楽を聴きながら歩くことと、テニススクールやフラメンコレッスンに切り替え、楽しくスポーツをすることで身体も心も軽くなりました。

続けることが嫌になれば無理せずやめる。その習い事が好きであれば続ける。ただそれだけです。

便利な機能のサブスクを解約して得たもの

知人の勧めで広告なしで再生できる動画共有アプリのプランを使ってみることにしました。途中に挟み込まれるＣＭをスキップするのが煩わしかったので、毎月１２８０円のサブスク料金を支払うことでずっとＣＭなしで見られることはすごく快適でした。ですが、ある日我が家の固定費を見直すことにして、年間約１万５千円かかるサブスク料金を一旦解約してみることにしました。ＣＭなしの快適さを味わっていたあとのＣＭの時間は相変わらず煩わしく感じましたが、その煩わしさから動画を見る時間が極端に少なくなりました。そのおかげでお金だけでなく時間も増えて一石二鳥となりました。

自分でコントロールできないコトは捨てる

人の悩みの大半は人間関係だと思います。職場や学校、父母、親兄弟、友人との間で嫌だなと思う問題が起こったら、それを解決しなければいけない、相手に変わってもらいたいなど考えず、自分でコントロールできないコトには関わらず無視するのが一番です。いい意味で鈍感力を身に付けるか寛容でありたいと思います。

個人情報が記載されたモノはどう捨てる？

皆さん、郵便物の伝票や宅配物の送り状、カード明細などの処理はどのようにされていますか？　都度シュレッダーにかけて捨てる習慣や仕組みがあればよいのですが、そのままゴミ箱へ捨てたら不正に利用されるのでは？と不安要素が先に立ちシュレッダー待ちの紙を溜めたままになっていないでしょうか？

私の場合はその不安要素自体を捨てるため、都度ビリビリと手で破り捨てるか、くしゃくしゃに丸めてゴミ箱に捨てています（これまで特に困ったこともなく過ごせています）。ですが、やはり不安を捨てられないのであれば、専用のハサミで切り捨てるか、個人情報保護ローラースタンプで消して捨てるほうがシュレッダーよりも早く行動に移せます。

ダイエットで体重計に乗ることを捨てました

体重が10キロ近く増加してからは自己肯定感も下がり、人と会うのもおっくうになりました。健康診断の結果も良くなく、何よりも精神的に良くありませんでした。そこでダイエットをしようとパーソナルトレーニングジムに通い始めました。食事と体重管理のための毎日の報告とトレーニングにより2か月ほどで結果が出始めたのですが、体重計に乗るたびに一喜一憂することや、きついトレーニングが私には合わず、やめました。それから、何をしたら楽しくできて続くのかを考え、毎月1キロ減を目標にまずは歩くことから始め、毎日体重計に乗ることをやめ、見た目ベースでダイエットを続けることにしました。

そして楽しく続けやすいスポーツをするために、テニスとフラメンコのレッスンに通い始めることにしました。

人間関係やお金の悩みを捨てるためにやること

人間の悩みの大半は人間関係とお金のことだと思います。人間関係であれば、前述したようにコントロールできないことに関わらない、干渉しない、距離を置くなどの方法があります。

収支を見直し、先に入るお金をどう増やすかも大事ですが、手っ取り早いのは出るお金の整理です。見直してみると案外ムダな支出が多いことが分かります。家計簿とにらめっこしてケチケチするのではなく、ムダな支出をなくすことが賢い選択だと思います。

『カールじいさんの空飛ぶ家』が教えてくれたこと

ピクサー・アニメーション・スタジオとウォルト・ディズニー・ピクチャーズ製作の映画『カールじいさんの空飛ぶ家』をご覧になったことがあるでしょうか?

亡き妻の思い出がいっぱい詰まった家にたくさんの風船を付けて、おじいさんが冒険の旅に出る物語。その映画のワンシーンに、亡き妻と約束をした夢を達成させるために妻であるおばあさんと過ごした家の思い出の家財道具を捨てていく描写があるのです。この作品では、頑なにおばあさんとの思い出の中で生きてきたおじいさんが、空飛ぶ家に乗って冒険を始め、新しい道へ進んでいく姿が描かれています。気持ちが変化し、行動を起こすようになったおじいさんは、モノを所有しているだけでは手に入れられなかった新しい人生を自ら歩み始めるのです。「このおじいさんのように私も本当に必要なものだけを持ち、どんどん軽く生きていきたい」と思えた映画でした。

モノを通して選ぶ力を磨き、より自分らしく生きるための選択ができるようになれば、あなたの人生は好転するはずです。

第3章

仕組みと置き方のルールが「整頓」のカギ

整理ができたら整頓です。

整頓とは、必要なモノを使いたいとき、使いたい分だけさっと取れて戻せるように整えることです。整頓された状態であると、誰でもパッと見てすぐに収められているモノが何か分かるので、探す時間のムダが大幅に削減されます。何よりも見た目も整っている状態なので、気持ちにも連動します。

整列と整頓は違います

ここで間違ってはいけないのが、整列と整頓の意味は同じではないということ。

どちらも似た言葉ですが、その意味はまったく違います。

整列とは、単純にばらばらになったモノをまとめ並べた状態のことで、特にルールはありません。

整頓には必ず「仕組み」があり、「置き方のルール」があります。

整頓の仕組みを作れば片づけは簡単にできる

整頓の仕組みとは、誰が片づけても同じように戻すことができ、探すことができるということ。

つまり、考えなくても結果は同じようになるということです。

そのためにも仕組みそのものを分かりやすくする必要があります。

ではその手順を説明しましょう。

ステップ①　定位置を決める。

モノをどこに戻すのか？　モノを戻すための住所つまり定位置を決めます。

定位置を決めるためには、家全体を俯瞰して部屋の用途、収納の用途を決めます。

仕組みづくりは1か所だけでなく、家全体で考えることが鍵になります。

定位置を決める上で大切なのが「生活動線」です。

どこで何を使うと便利なのか?を考え、場所を決めていきましょう。

□ライフスタイルにあった部屋や収納の用途（使用目的）を考えます。
□用途が決まったらその部屋で使うモノを配置。
□さらに各部屋の中での動線を考え、家具や棚などを配置。

ステップ② 取り出しやすく戻しやすい仕組みづくり

ここでは収納選びが重要なカギになります。モノによっては引き出し収納がよいのか？積み重ねできるコンテナタイプがよいのか？　棚がよいのか？　奥行は浅いほうがよいのか？など、モノに合わせた収納アイテムを選び、収め方を考えます。

例えば、衣服の場合、ハンガーにかけるのか？　畳んで衣装ケースに収めるのか？　棚に積み重ねて収めるのか？などです。

そこでポイントは、
□取り出すまでのアクションを減らす。
□動線を短くする。

□開閉しやすい収納。
□分類別に収める。
□表示をする。
となります。

置き方のルールを決める

仕組みづくりのあとは、ルールづくりです。
置き方のルールとは、整頓するうえでの約束事です。
ルールを作ることにより習慣化もしやすくなります。

ルール①　同じアイテムは縦列に並べる。
ルール②　同じ場所に分類が違うモノを収める場合、区画する。
ルール③　使用頻度が高いモノは一番使いやすい場所に収める。

ルール④　重いモノは目線より上の場所に収めない。
ルール⑤　分類が違うモノを前後に配置しない。
ルール⑥　数量を決める。
ルール⑦　「揃える」を意識する（収納アイテムの素材を揃える・面を揃える・形を揃える・色を揃える・向きを揃える等）。

既にこの時点では、整理の3ステップ（出す・分ける・選ぶ）で、アイテム別に分類し、必要なモノが選ばれている状態です。ここまでの分類はあくまでも「出す・分ける・選ぶ」の3ステップにおいて、アイテム別に比較して選びやすくするための作業でした。
ここからは、必要なモノを使いやすくするための分類をしていきましょう。

定位置を決めるための分類

この段階の分類は、どこで何を使うのか？という、動線に沿って定位置を決めるための作業です。

では、調理器具の中で「鍋」を例にとって見ていきましょう。

大分類＝調理器具

中分類＝「フライパン、鍋、調理家電、ボール、包丁、計量器具、まな板、おたま、フライ返し、へら、泡立て器、菜箸、皮むき器、おろし金類、トング」などがあります。

鍋の小分類は、「鉄鍋・両手鍋・片手鍋・蒸し器・土鍋・てんぷら鍋」などです。

使用頻度で分類する

次は使用頻度で分けていきましょう。

□毎日使う。

□週に1回使う。

□月に1~2回使う。
□半年に1~2回使う。
□一年に1~2回使う。

「毎日使う、週に1回使う、月に1~2回使う」は使用頻度が高い、それ以外は使用頻度が低い、に分類します。

そして鍋類のうち、使用頻度が高いモノだけを集め、同じ場所へ収めていきます。同じ「鍋」でも使用頻度が低いモノは別の場所に収めます。

配置場所の定位置については、使用頻度が高いモノを一番使いやすい場所に収めます。背の高さで考えると、股関節~胸元あたりまでが使いやすい場所になります。

重さで分類する

次に、重いモノか軽いモノかで場所を決めていきます。

重いモノは下、軽いモノは上といった感じです。

右利きなのか？　左利きなのか？で収める場所は違う

また、右利きなのか左利きなのかによっても、扉の向きや使いやすい配置場所が違います。仮に収納家具が引き出しであれば、右利きの場合は引き出しの右側に使用頻度が高いモノを配置したほうが使いやすいですし、逆も然りです。

大事なのは、どこにどのように配置したら毎日の暮らしが楽になるのかを考えて定位置を決めていくことです。

例えば、1つの引き出しに対し1分類で収めると分かりやすくなりまし、違う分類同士を同じ引き出しの中で収める場合は、仕切りやかごを使って区画することで分かりやすくなります。

そしてさらに、誰でもパッと見て分かるように分類名を表記すれば、探す時間が大幅に減ります。

子供が付ける分類名は面白い！

ここで少し分類の面白エピソードをお話しさせてください。

小学2年生の男の子のお母さんから、「うちの子は片づけができません。私が教えると喧嘩になるので直接本人へ教えてほしいです」と依頼の電話がありました。訪問すると聞いていた通り、机の上、机回り、そして部屋全体が散らかっていました。

そこでレッスンの「めあて」を伝えました。

「今日のめあては『分けて収める』です。では早速一緒に分けていきましょう」と始めたのは、次のことでした。

手順①　模造紙に6マスの区画を作ります。

手順②　机の上、引き出しの中のモノを全部出します。

手順③　一つ一つモノの名前を確認しながら、分類名別で分けた模造紙のマスに分けます。

ここで大事なのは、分類名は本人に決めさせるということです（もちろん相手は子供なので上手に引き出すことが必要です）。

そこで最初に彼が手に取ったのは、ガジガジに歯で噛んだストローでした。お母さんはそれを見て「こんなモノ捨てなさい」と言いました（気持ちはよく分かります。私も我が子であればそれが第一声になるでしょう。ですがここはぐっと我慢です）。

「このストローはなぜ残してあるの？」と聞くと、彼に「工作に使うからだよ」と答えました。周囲を見渡すと、その子が作った作品がたくさんありました。そこで私が「このストローは『工作の道具』という名前にする？」と聞くと、彼は「うん」とうなずきました。

そして本人に直接、模造紙の1マスに「工作の道具」と分類名を書いてもらいました。

次はカブトムシの抜け殻がたくさん出てきました。お母さんはまたもや「何で引き出しの中に入れるの！」と少し怒った声で言いました。ですがここも我慢です。

私が彼に「セミの抜け殻をどうして引き出しに入れているの？」と聞くと、「好きだから」という答えが返ってきました。そうしてまた別のマスに「好きなモノ」という分類名を書いてもらいました。そうしてどんどん進めていくと、そのほかにも「文房具・教科書・ノート・プリント・遊ぶもの・実験道具・なんだか知らない・いらない」という分類ができました。そして、「何だか知らない」と「いらない」を整理して、そのほかを分類名別に箱や袋、机の引き出し、机の上の棚に配置していきました。

子供は大人のように、分類名を意識して収めるということはありません。そもそもどんなに学校や親に「整理整頓しなさい！」「捨てなさい！」と言われても、なぜそれが必要なのかも知らないし、正しいやり方も教わっていないのです。極端な話、子供は「全部いるモノ」と思っているのです。散らかる理由は大人も子供も同じです。違う分類・種類のモノが混在して、定位置（戻す場所）がはっきりしないままの状態になっているからです。

モノを戻す場所・置き場所を決めるためには、必ず分類することが必要なのです。

読書好きの本の選び方と収め方

この仕事を始めたばかりのことでした。本の整理収納の依頼がありお客様に選んでいただいたあと、本の高さや大きさの順番にキレイに並べて収めていきました。それは全部収め終わったあとのことでした。お客様から「見た目はキレイですが、それでは読みたい本を選びにくいです」と言われたのです。そのとき初めて「そうだ！　図書館のように本のカテゴリー別に収めると探しやすい」と思い、手直しした経験がありました。そしてそれからしばらくして、読書が大好きな別の方のお宅へ訪問しました。依頼主は「本の整理をしたいけれども、一人ではなかなか前に進まず困っています」とのことでした。訪問すると、6畳の個室に千冊以上の本がありました。そこで私はこう提案しました。「本来はカテゴリー別に分類して選んでいただくのですが、まずはここを本屋さんだと思って、買いたいと思った本だけを残していきましょう」と提案しました。

特に本が好きな方は、好きな本を引き算すると考えるよりも、買う＝足し算する気持ちで選ぶと選びやすくなります。そして最終的に500冊に減りました。

選び終わったあとは、前回の失敗を活かして、図書館のように整頓して収めました。

数日経った日のことです。依頼主から、「部屋が夢のライブラリーになったので、本棚の横にリクライニング機能が付いた一人掛けソファーとオットマン、そして飲み物や眼鏡が置ける台を買いました」とお電話をいただきました。読書を楽しむという暮らしの環境づくりのお手伝いができたことに、私もすごくうれしくなりました。

人を責めるな、仕組みを責めろ

子供たちが小さな頃の話です。

幼稚園から帰宅後、かばんやらアウターを玄関先の床に置いたままということが日常茶飯事で、かばんはかばん置き場に、脱いだ服はハンガーにかけてね、と何度言っても、床に置きっ放しということがよくありました。そこで私は原因を考えました。なぜ床に置きっ放しにするのか？　一つは、クリーニング屋さんの大人用アイアンハンガーだと子供服とはサイズが合わずかけにくいこと。もう一つは、かばん置き場とハンガーラックを子供部屋に設置しているため、玄関から部屋までの動線が子供には長過ぎるのではないかということでした。そして子供用のハンガーに変え、かばん置きとハンガーラックを玄関先に配置換えしてみました。そしてしばらく様子を見ていると、かばんはポンとそこへ置くようになったのですが、問題はアウターです。仕組みを変えて一日二日はよかったのですが、ハンガーにちゃんとかからず床に落ちている状態が数日続きました。またもや改善策を考えたとき、ハンガーにかけるという動作がその子の年齢には合ってないのかもしれない、と考え、次にハンガーラックの下に大き目のかごを配置し、かけるもしくはかごの中に入れるだけ、という簡単なルールにしてみました。それからは、帰ってきたら玄関先で脱いでかごの中にポンと入れるようになりました。

そのように、一つ一つ家族の成長に合わせた方法で仕組みづくりをすることは正直根気がいりますが、できない人を責めるのではなく、仕組みを見直すことで解決できることがたくさんあります。整頓は、誰でも必要なモノを使いたいとき、使いたい分だけさっと取れて戻せるように整えることです。そのためにも相手の立場になって考えることが大切です。

前述の通り、整理抜きに整頓をしようとするとムダが発生してしまいます。そのムダとは、

①スペースのムダ
②収納アイテムのムダ
③収納アイテムを購入する費用のムダ
④整頓にかかる時間のムダ

です。

スペースのムダ（物ファーストの部屋になっていませんか？）

本書で述べる「スペースのムダ」とは、スペース内のデッドスペースのことを指しているわけではありません。ここで考えるスペースのムダとは、モノによって占領され、私たちが自由に使えないスペースのことを指しています。引っ越し前、荷物が入る前の部屋を思い出してください。きっと広く感じていたのではないでしょうか？　家具の配置をイ

メージしてはワクワクしていたことだと思います。ですが実際生活をしていくと生活スペースはモノや収納家具で占領され、人よりも物ファーストの部屋になっていないでしょうか？　そして忘れてはいけないことは物を置くスペースにも家賃もしくは固定資産税、住宅ローンとお金が発生しているということです。家は本来、人が安心安全に快適に住まう場所であり倉庫化させては非常にもったいないことだと思います。そのような状態こそがスペースのムダなのです。

収納アイテムのムダ

年末大掃除の時期に、「収納術」が特集された雑誌をつい手に取り、購入した経験はないでしょうか？　そうです。収納術と聞くとまるで魔法のように解決できるように思えます。そして年末の忙しい時期に、わざわざ混雑している100円均一ショップやホームセンターに行っては仕切りかごや収納ボックスを購入してきてポンポン入れては片づけ完了という方も多いのではないでしょうか？　もちろん物を分類して分かりやすく、使いやすくするために収納アイテムとして仕切りかごが必要な場合もあります。大切なことは「分かりやすく、使いやすく」するための収納アイテムであり、物を隠すためではありません。そうしてしまいには物の存在すら忘れてしまい、どんどんモノとそれを収める収納アイテムが増えていく現象が起こるのです。整理収納代行の現場あるあるですが、必ずと言っていいほど、収納アイテムが大量に発生して最終的にはそれこそが不要品になり処分するというケースがほとんどです。収納アイテムを増やす前にまずは整理が必要なことを忘れないでください。

費用のムダ・時間のムダ

それはつまり、乱雑に置かれたモノをまとめ、整えているだけです。

実際、これまで多くの整理収納の現場では、モノの整理をすることで、分類することすら要らなくなるため、収納グッズ自体が不要になることがほとんどでした。これでは収納グッズの購入費用もムダになってしまいます。ムダになるのは費用だけではありません。

せっかく頑張って片づけた時間、購入するための時間までもムダになってしまうのです。

もちろんしっかり整理をしたあと、分類名ごとに分けて収納グッズを使うことは正解です。

ここで整頓メソッドのおさらいです。

①分類する。
②使用頻度に合わせて配置場所（定位置）を決める。
③仕切りもしくは区画する。
④表示する。

整頓に必要な技術は、複雑な収納術ではなく、使うモノを分類して使いやすく収めることだけです。

第4章

汚れの種類を知ることが「清掃」のカギ

本書の清掃とは、汚れを除去しピカピカに磨くことです。
清掃の仕上がりの基準は人によって違いますが、本書の清掃の基準はシンプルでピカピカである。ただそれだけです。

家具やテーブル、床や窓、トイレやシンクがピカピカに磨かれたキレイな家は本当に気持ちがいいものです。
それは万国共通だと思います。ただ、他国とは違う日本ならではの掃除に対する価値観と風習があります。その代表格となるものが年末大掃除です。これは、新年を迎えるにあたり溜まった汚れを掃除して清める意味を込めた、「すすはらい」の風習から来ているといわれています。

小中学校でも毎日生徒自身が掃除をする時間があり、そのおかげで基本的な掃除の仕方や習慣も身に付いてきたことでしょう。せっかくそのような素晴らしいお掃除文化があるのですから、大人になっても続けていきたいものです。ですが、考えてみると掃き掃除、拭き掃除など大まかな掃除の仕方は見様見真似でやったことがあっても、それ以外の詳しい掃除の方法は学校でも家でも特に習った記憶はありません。「どこに？」「どんな汚れ？」があるのか、それを「何を使って？」「どのように？」掃除するのか、詳しく知らない方が多いのではないでしょうか？

掃除の基本は掃く・拭くの２つだけ

汚れは放置する期間が長くなるほど、除去することが困難になります。最初は小さな汚れが、どんどん蓄積され大きな汚れになります。そうなると専用洗剤や道具が必要になり、汚れを落とすための時間と労力がかかります。だからこそ日常的にこまめに掃除することが大切なのですが、年に一度、大みそかギリギリに慌てて大量に洗剤を購入し、掃除を始めバタバタと年越しを迎えるということもあるでしょう。

掃除の基本はすごくシンプルです。小学校で教わった通り、「掃き掃除」と「拭き掃除」

だけです。学校と家庭の掃除の仕方の違いは、学校ではホウキで掃く、家ではほとんどの場合掃除機で「吸う」、ということです。掃く・拭くを毎日行うと洗剤も特別な道具も必要なくなります。

ですが、不思議とお掃除が苦手な方ほど、いろいろな種類の洗剤と道具を持っています。それはきっと汚れの種類に合わせた使い方を知らないからだと思います。

汚れの種類を知れば洗剤は買わなくてもいい

どんな汚れが、どこに付着しているのか?など、汚れの種類と成分を知ることで洗剤を使い分けることができます。

汚れの種類は、油汚れ・ホコリ・カビ・水垢・尿石などがあります。汚れの種類や場所が変われば当然洗剤も変わると思う人が多いのか、スーパーの洗剤コーナーには場所に合わせた○○専用洗剤が数多く売られています。

洗剤には、大きく分けると「酸性、中性、アルカリ性」の3種類があります。また、汚れにも水垢などのアルカリ性の汚れ、油汚れなどの酸性の汚れがあります。汚れの種類の反対の性質の洗剤を使うと、中和されて汚れが落ちるというわけです。ここで気を付けていただきたいのが、汚れを落とす効果が高ければ高いほど扱いにくく、手肌も痛めてしまうということです。

そこでお勧めなのが中性洗剤です。中性洗剤は食器洗剤でもよく使われているため、どのご家庭にも必ずある洗剤の一つです。アルカリ性や酸性に比べ汚れを落とす力は弱いとはいえ、日常の汚れのほとんどを落とすことができます。

私の家には2種類の掃除用洗剤しかありません。

1つは、漂白洗剤。もう1つは食器洗剤です。

なぜ2種類だけなのか？というと、それ以外は必要がないからです。

買う必要のなかった洗剤類を買わないことは、洗剤代が浮くという経済効果以外に洗剤類を置くスペースも空くことになるのです。そしてもう一つ！　これまで使い切れずに置かれている洗剤を見て「掃除しなくちゃ、でもめんどうくさい」と、洗剤を買っては満足して、結局はやっていない自分が嫌になっていた気持ちも整理できます。

汚れの種類と場所によって適切な道具を使いましょう

次に道具です。私が愛用する道具は、ブラシ、メラミンスポンジ、クロス、コロコロ粘着シート、ふわふわハンディーモップ、フロアモップ、掃除機などで、主に8種類の道具を使っています。

シンク回りの水垢などのザラザラとした汚れには、研磨力があるメラミンスポンジ。
家具のホコリにはふわふわハンディーモップやクロス。
床のホコリには掃除機。床の皮脂汚れにはフロアモップ。
カーペットや布製の家具の髪の毛やホコリにはコロコロ粘着シート。
排水口や凹凸があるものにはブラシ。
このように汚れの種類や場所によって、洗剤よりも道具を活用して、日常の掃除をしています。

大切なのは汚れを溜めないこと！

仕事でも何でも、溜めるとあとがつらくなります。だからこそササっとこまめに掃除をしましょう。

理想はこまめに掃除をしたいけれど、現実問題何らかの理由でできない場合は、プロに依頼することもお勧めします。もちろんそれには費用はかかりますが、仕上がりはもちろん、何よりもスピードが違います。

時は金なりで、家をキレイにしたいと思い続けて時間ばかり過ぎていくのなら、キレイにする手段の一つとしてアウトソーシングすることも賢い選択の一つです。

ながら掃除をするためには仕組みづくりとルールづくりが必要です

掃除の負担を軽くするために、何かのついでササっと掃除をする「ながら掃除」。雑誌やネットで「〇〇しながら拭き掃除をする、ながら掃除をしましょう」という記事を見かけます。

「ながら掃除」をするためには、実は仕組みづくりとルールづくりが欠かせません。

汚れが発生しやすい場所に必要な道具や洗剤を配置したり、ササッと行動に移せるように掃除機をコードレスに変えるなどの仕組みづくりと、お風呂のついでに浴槽を洗う、歯磨きしたあとは必ず洗面シンクや蛇口を拭き上げる、トイレを使ったら便座を拭くなどのルールづくりがあるからこそ、ながら掃除ができるようになるのです。

そうして日々使ったあとにリセットすることができたら、汚れも溜まらず時間もかけずにいつもキレイな空間を保てます。

キレイを維持するためには計画が必要

家をキレイに維持するためには、日常清掃、計画清掃、重点清掃の3つの清掃計画が必要です。

日常清掃は毎日決まって行う掃除のことです。例えば、テーブルを拭く、掃除機をかける、カーペットにコロコロをかけるなどです。

計画清掃とは、毎日やらない箇所などを週に1回、月に1回、四半期に1回などと決めて計画的に清掃すること。

例えば、1週間に1回、トイレの便器の内外と壁・床の清掃や、浴室の排水溝、扉や床のカビの付着を防ぐための塩素による洗浄などです。

重点清掃とは、レンジフードや換気扇、梁や家具の後ろ、床のワックスなど、年に1回～2回重点的に行う清掃のことです。

このように、年間を通して清掃計画を立てて行うことで、日常清掃にほぼ時間をかけなくて済むようになります。また、特別な洗剤や清掃道具を使わなくてもキレイに仕上げることができます。

ダイエットと掃除・片づけはよく似ている

例えば、ダイエットの場合は脂肪。

掃除の場合は汚れ。

片づけの場合は不要なモノ。

脂肪も汚れもモノも、一度放置すると落としたり捨てたりするのは大変です。

だからこそ、体重が増えたら落とす、汚れたら掃除をする、家が散らかったら片づけるではなく、一度落とした脂肪が再び付かないような暮らし方や体質に変えていく、汚れが溜まらないような環境に変えていく、ごちゃごちゃ散らからないような仕組みを作るなど、根本から変え、常にメンテナンスをしていく。そうした習慣まで導くことが4Sなのです。

清掃は点検なり

私がイギリス留学をしたときホストファミリーのお宅は、とても清潔で小さな可愛らしい家でした。ホストマザーは、子供たちが独立してご近所のお友達とお茶の時間や庭仕事を楽しんでいる70代の女性でした。彼女はいつも料理をし終えると、ガスコンロをピカピカに磨きます。真っ白なガスコンロは驚くほどキレイでした。私が「ガスコンロ輝いてますね」と言うと彼女はニコっと笑って「このガスコンロは亡くなった夫の義母が使っていたものを私が譲ってもらったの。このガスコンロも私と同じ70歳になるのよ」と言いました。モノを大切に磨いて使い繋いでいく、ホストマザーの暮らし方に感動したことを今でも鮮明に覚えています。

ホストマザーから教わったことは、「清掃は点検なり」ということ。毎日使ったあとは、可愛がるようにガスコンロを磨くことで、ガスコンロの傷や不具合を探すことができるのです。少しいつもと違うことがあれば、傷が大きくなる前にリペアする。まるで人間の身体と一緒で、自分の健康を維持するために疲れたらすぐに休んだり、傷が大きくならないうちに手当てしたり、健康診断を受けたりと、メンテナンスして健康管理をしているようです。

ただ汚れたから掃除するのではなく、自分の家のモノを丁寧に大切に使うために、心を込めて掃除をしながら点検していく。とても素晴らしいことだと思います。

清掃困難箇所をなくせば掃除は簡単になる。

清掃をするときに覚えておいてほしいのは、汚れが溜まりやすい箇所はどこなのかを意識的に見て感じることです。清掃のプロはいかに掃除しづらい箇所をなくすのかをいつも考え、実行しています。つまり、汚れの発生源となる箇所をなくして掃除しやすい環境へ変えることです。そのことを「清掃困難箇所をなくす」といいます。そうすることで日常の清掃にかける時間をグッと減らすことができます。

健康維持のためにも清掃困難箇所をなくしましょう

一見キレイに見えるお部屋にも、実は目に見えないホコリが家具や床に付着しています。

ホコリは、繊維や体毛、皮膚の垢、フケ、雑菌などが集まったものです。エアコンやファン、外気からの風、そして人の動きとともに、ハウスダストは空気中に舞い上がり、浮遊します。深夜人が寝静まるとホコリは上から下へとゆっくり移動し、壁や床、家のあらゆる箇所に付着します。それを放置すると、アレルギーを引き起こすこともあります。最近では、肉眼では見えにくいホコリをセンサーライトで可視化する掃除機もあり、それを使って掃除をすると床に付着しているホコリの量に驚きます。ホコリが肉眼で認識できるときは既に大量に蓄積された状態です。また、さらに空気中の水分が加わるとカビが発生しやすくなり、その胞子が空気中に浮遊している可能性が高くなります。

清掃困難箇所をなくすのは、掃除を簡単にするためです。そのために、まずはホコリの発生源からなくしていきましょう。

□モノの量を減らす。
□床に直に置くモノを減らす。
□飾りモノを表に置き過ぎない。
□コード類は必ずまとめて床に触れないように工夫をする。
□カーペットや絨毯は洗えるタイプにする。
□スリッパも洗えるタイプにする。
□掃除機のヘッドフィルターをこまめに手入れする。
□エアコン、空気清浄機、扇風機、除湿器等のフィルターもこまめに手入れする。
□机の上をいつでも拭けるように、モノを放置せずに定位置に戻す。
□家具と壁の間の掃除をしやすいように、隙間を空ける。
□床だけでなく天井や壁のホコリも掃除できるように、壁の掲示物を必要最低限にする。
□洗面シンク回りの水気をすぐに拭き取ることができるように、シンク面にはモノを必要最低限以外を置かないようにする。
□カビの発生を抑えるために、浴室内に空きのボトルや使用頻度が低いモノを置かないようにする。

□コンロ回りも油汚れを拭き取れるように、調理器具や調味料は必要最低限のモノだけを置くようにする。
□窓や網戸の洗浄をしやすいように、窓、サッシ回りには、モノを置かないようにする。
□静電気を吸い寄せるブラインドは撤去する。
□浴室の足拭きマットを床に敷きっ放しにしない。湿った状態のままだとカビの発生原因になります。
□キッチンマットを撤去する。キッチンマットを敷く理由は、床の汚れや傷の防止、冷え防止などがありますが、汚れが付着したマットを長期間放置しておくことは不衛生です。1週間に1度洗濯をするなど、こまめな手入れが必要になります。そうなると家事負担が増えるというデメリットがあります。逆に水撥ねや油が飛び散ったときは、サッとペーパーなどで拭き取ったほうがいつもキレイにしていられます。

部屋の換気は空気の掃除

毎日部屋の換気を定期的に行うことも大切です。

換気をすることで、室内に停滞した汚れた空気、臭いや湿気を室外へ排出したり、新鮮な酸素を取り込む効果があります。また、体温や調理などで室温が上がるため、換気することにより湿気も外に逃がし、結露も起きにくくなり臭いやカビの発生も予防しやすくなります。

特に晴れの日は、意識的に換気をして新鮮な空気を室内に取り入れるだけでも、清々しい気持ちになり、リフレッシュ効果が十分あります。

窓を開けにくい季節には、24時間換気システムを使ったりトイレや浴室の換気扇を回したり、空気清浄機を使ったりするとよいでしょう。

清掃をして清潔で気持ちの良い毎日を過ごすことは、人生をより豊かにすると私は思います。

自分が身を置く空間や、暮らしの一部であるモノを大切に磨き、感謝をする。そのための時間を持つことは、自分自身を大切にすることにも繋がることでしょう。

第5章

「習慣」のカギは毎日の積み重ね

本書での習慣は、３Ｓ（整理・整頓・清掃）を維持管理することです。

整理すること、整頓すること、清掃することは、衣食住において快適な暮らしをするための生きている限りずっと必要なことです。

ずっとやり続けていくことだからこそ、一度徹底的に整理・整頓・清掃（３Ｓ）をしたら、あとは、毎日使ったモノを片づける習慣、お掃除の習慣を身に付けることで、キレイをキープすることができるようになります。

習慣は、快適な暮らし方を維持するためのマネジメントなのです。

習慣とは、それをやらなければ違和感を感じ、頭で考えることなく無意識に行動できるようになることです。

そのためにも、習慣を自動的に暮らしに取り入れるためのルールづくりが必要です。

整理の習慣のカギは持ち方のパターンを決めること

例えば、服の持ち方、買い方をパターン化すると、モノを減らす前に増やすことがなくなります。

□景品は受け取る瞬間に必要かどうかを判断する。
□ただより怖いモノはないと思う。
□調味料は鮮度を保つためにも小さなサイズを買う。
□日々の料理をパターン化する（普段作らない料理は外食で）。
□在庫は最小限にする（残り○個になったら○個買い足す）。
□消耗品の定品を決める。
□ポイントはアプリ管理のみ。
□服はクローゼットの最大7割と決める。
□コーディネートのパターンを決める。

整頓の習慣のカギはいかにシンプルにするかということ

第3章でも紹介した通り、使いたいモノを使いたいときにサッと取れて戻せる仕組みがあって初めて整頓といえます。そのためにやるべきことは、

□原則としてモノを持ち過ぎない。
□動線に沿った配置にする。
□分類ごとに収められている。
□表示を付けて分かりやすくする。
□ワンアクションでモノが取れる。

もし生活するうえで「取り出しにくい、戻しにくい、探すのに時間がかかる」モノがあれば、整頓を見直す必要があります。

清掃の習慣のカギは掃除をするタイミングを決めること

第4章で紹介したように、年間通して、日常清掃、計画清掃、重点清掃を実施する時期やタイミングを決めて行うことが大切です。

その中でも日常清掃に関しては、〇〇しながら〇〇するなど日々のタイミングを決めると、楽に続けることができます。

習慣化するためのルーティンを決める

私の場合、朝のルーティンが決まっています。決まっているから考えることなく続けることができます。

朝ルーティン

□朝起きて、家中の窓を開け換気。

□ベッドメイキング。
□身支度をしながらの洗濯。
□前日洗った食器の片づけ、朝食の準備。
□朝食を作りながら掃除機をかける。
□朝食準備を終えたらコンロ回り、調理台を拭く。
□食事をし終えたら食器を洗い、そのあとは必ず排水口までキレイにする。
□食器用スポンジの水気を絞り、干す。
□シンク回り、内側の水気を拭き取る。
□トイレ掃除。

帰宅後ルーティン

□一日履いた靴を手入れする。
□窓を開けて換気する。
□洗濯物を畳んで収める。
□お風呂に入り終えたら、蛇口、鏡の水気を拭く。

□食事の準備をしながらテーブルや家具のホコリを拭く。
□歯ブラシをしながら洗面ボールを洗う。

習慣にするために重要なのは溜めないこと！
毎日の少しの積み重ねが大きな変化をもたらします。

毎日の片づけは、使ったら戻すがルールです。それを意識するためのルールとして、一日の終わりのあるべき姿を決めておきましょう。

□テーブルや椅子の上は何も置かない。
□床には直置きしない。
□玄関のたたきに置く靴は1人1足までと決める。靴は揃えておく。
□クッションを揃える。

また、第3章で述べたように、使ったあとに戻す場所を作ることが習慣化のカギになります。私たちにも帰る家があるように、モノにも帰る場所が必要です。使い終わったら必ずお家に帰してあげましょう。

1秒で行動に移す習慣

私のその他のマイルールに、「パッと行動をする」があります。

□ポストに投函されたチラシはすぐに整理。
□手紙なども必ずその場で開封し、返信する必要があるものはTODOファイルに一時保管しその日のうちに取りかかる。
□メールやラインもその場で返信。
□仕事の電話は待つのではなく、こちらから連絡。
□知りたい情報はすぐに調べる。

目の前のタスクをすぐに完了させ、溜めることなく次へと進むことで、毎日が軽くなります。優先順位を考える前に、できることはすぐにとりかかると、判断しなくてはならないことを減らすことができます。

「明日やろうは馬鹿野郎」

以前ある経営者の方から、「物事を先延ばしにする人はチャンスを逃がす。明日やろうは馬鹿野郎なんだよ」と教わったことがあります。

確かに整理整頓が苦手な人の大半は、物事を曖昧な状態でついつい放置してしまうことが多いのではないでしょうか？

コトが小さいうちにサッと終わらせる習慣があれば、いつでもフットワーク軽く、すぐに行動に移すことができます。

習慣は未来へ繋ぐバトンです

良い習慣を身に付けるのはいつも気持ちが良い状態でありたいから、といってもよいでしょう。

日々の習慣は未来へ繋ぐバトンです。快適な空間で、ほっとできる時間、楽しい会話、より充実した生き方をするためのバトンです。毎日の習慣を身に付けることで時間のマネジメントができるようになり本当にやりたいことに時間を使えるようになるでしょう。

正々堂々とダラダラする

本当にやりたいことに時間を使うと前述しましたが、日々の暮らしの中で私が本当にやりたいことは、実はやるべきことを全て終わらせて、正々堂々とダラダラして過ごす時間を持つことです。私にとってその時間は最高に幸せな時間です。ソファーに横になりながら映画を見たり、好きなように時間を過ごす。譬えるのであれば、仕事のあとに1杯の冷えたビールを飲む感じです。

以前の私はやるべきことを残したまま、現実逃避をするためにダラダラと時間を過ごしていましたが、そのダラダラと、正々堂々とダラダラするのは完全に違うのです。

習慣は凡事徹底・反復連打

4Sに限らず良い習慣を持つことは、毎日気持ち良く過ごすためだけのものではありません。当たり前のことが当たり前にできるよう、凡事徹底・反復連打の姿勢で物事に取り組めば、人間力の基礎を積むことができると思います。それが自分のスタンダードになったら、きっと人生は好転していくでしょう。

毎日コツコツ当たり前のことを当たり前に続けていく習慣を積み重ねること、それが良い習慣なのです。

第6章

「改善」があなたの暮らしをより良くするカギ

これまで整理・整頓・清掃・習慣（４S）について、ご紹介してきました。さらに「改善」の目を持つことで、４Sを磨いていきましょう。

改善とは、不具合を良い状態へ変えることです。つまり、不具合を見つける目を持ち、それを放置せず良い状態へと変えていくことです。

改善で考えるべきことは主に3つです。

1. 時間短縮の仕組みづくり
2. 継続の仕組みづくり
3. 作業分散の仕組みづくり

次に、私が取り組んだ改善についてご紹介いたします。

時間の使い方改善

1. 現状把握をする。
2. やらなくていいことを先に整理する。
3. 改善点、改善案を考える。
3. 改善することで時間が生まれる。
4. 心にも余裕が生まれる。
5. やりたいことがすぐにできる。

時間の使い方の改善を始めたのには、バケットリスト（やりたいことリスト）を作ったことがきっかけでした。やりたいことを並べたとき、単純に一日の時間の使い方を見直さないと時間が足りないということが分かりました。

以前の私の時間の使い方はこうでした。

「睡眠」6時間

「仕事」 8時間
「移動」 1時間
「お風呂・身支度」 1時間
「料理」 1時間
「食事」 1時間
「快適な暮らしを維持する家事」 30分
「その他の家事」 90分
「家族のコトをする時間」 30分
「自由時間」 3時間

自由時間が3時間もあるのにやりたいことができない？　そこで現状の時間の使い方を分解してみると、

□ だらだらとスマホを見る（映画、動画、SNSなど）
□ 夜更かし&朝寝坊
□ 深夜の考え事

□生産性のない義理的な食事会
など無意識に使っていた時間が多く、やりたいことに使えてなかったということが分かりました。

次に一日の時間の使い方の中で改善したい点を考えました。
まずは健康維持のために睡眠時間を増やすこと、早寝早起きの習慣を持つこと、食事時間を増やしゆっくり楽しみながら食べることなどで、それに対する改善案も考えました。

□通勤時間の改善（引っ越しをする）
□仕事の時間の短縮（生産性のある仕事の仕方に変える）
□健康の改善
・歩く時間を増やす。
・楽しくできるスポーツをする。
・甘いモノやお菓子を食べ過ぎないように「買い置きしない」というルールを作る。
□食事の改善

・食事をゆっくりとる。
・外食の回数を減らし自炊する時間を作る。
・健康的な食事メニューにする。

□睡眠の改善
・早寝早起きの仕組みづくり。
・快眠のための仕組みづくり。

□心の状態を良くする改善
・マインドフルネスの時間を持つ。
・読書の時間を持つ。
・旅行の時間を作る。
・芸術に触れる時間を持つ。
・映画鑑賞の時間を持つ。

改善を意識しながら、もう一度理想の24時間の使い方を考えてみました。

「睡眠」 8時間
「仕事」 6時間
「移動」 1時間
「お風呂・身支度」 1時間
「料理」 1時間
「食事」 90分
「快適な暮らしを維持する家事」 30分
「その他の家事」 30分
「自由時間」 4・5時間

具体的に減らした時間は、仕事時間と家族のコトをする時間です。

仕事は単純に基本1日6時間と決め、集中して仕事ができる環境づくりと、毎日のルーティーンを決めました。もちろんイレギュラーな日もありますが、基本毎日のリズムが崩れないように、業務時間内に全て終わらせます。

次に家族のコトをする時間です。これに関しては単純に子供たちの成長に合わせて自然と減っていきましたが、意図的に減らしたのは娘の送迎の時間です。娘の学校や塾、仮にバイトをするにしても送迎の必要がない便利な場所へ引っ越しをしました。そうすることで登校前もゆっくりでき、お弁当作りも早朝からする必要もなく、睡眠時間を増やすことができました。

1日24時間、誰にとっても同じ条件である時間という資源を何にどう使うかで充実感は大きく変わります。

そうして見直し改善を進めたことで、念願の自由時間を増やすことができました。自由時間を増やしただけではありません。時間の使い方も変わりました。運動する時間や座禅やマインドフルネスの時間、身体のメンテナンスの時間、そして正々堂々とダラダラする時間も増え、これまで毎日何かに追われていたような気持ちにも余裕ができ、私の暮らしの質がワンランクアップしました。

改善・仕組みづくりで家事は楽になる！

仕組みづくりが大切なことを頭では理解できていても、先送りしてしまうことがほとんどだと思います。特に苦手なことに対しての改善であれば尚さら大変です。ですがはっきり言えます。「仕組みづくりがなければ毎日気合で乗り切るしかありません」。毎日やることだらけだと、問題に直面したときに、余裕がないことで判断力が鈍り、うまく対応ができなくなります。そのたびに疲れ果ててしまいます。

ここはちょっと踏ん張って、現状を見直しましょう。

家事の改善

では、初めに現在の状況と問題点を書き出します。

□夕方混む時間にスーパーへ行き、レジ待ちで時間がかかる。
□夕方の買い物で渋滞に巻き込まれ、イライラする。

□掃除機をかける。
□洗濯物を干す・取り込む。
□食器を洗う。
□アイロンをかける。

次に改善案を書き出します。

□ネットスーパーもしくは宅配サービスを利用する。
□お掃除ロボットを購入する。
□さっと掃除機がかけられるように、コードレス掃除機を購入する。
□ガス乾燥機や乾燥機付きドラム洗濯機を購入し、洗濯物を干さない。
□食器洗浄機を購入して手洗いをしない。
□ノンアイロンの服に切り替え、アイロンをかけない。

便利家電や買い物宅配サービスの利用による費用はかかりますが、タイムイズマネーで考えると家事労働時間が短縮できるとなれば、費用対効果は高くなります。

洗濯物を干さない選択

私はこれまで洗濯物をせっせと外に干していました。それは実家の母がそうしていたこともあり、それが当たり前だと思っていたからです。知人からは乾燥機能付きドラム式洗濯機を使うと本当に楽になると勧められましたが、普通の洗濯機に比べ高額のため、なかなか購入まで至らずにおりました。

我が家は以前、部活男子の練習着だけでなく活発に動く子供たちの衣類も多く、干場が狭いためいつも干すのに苦労していました。それだけなく、仕事から帰って洗濯機を回すものの、夕食づくりや後片づけをすると疲れ果ててしまい、洗濯物を干す作業にまで及ばず、そのまま翌朝まで放置するということが頻繁にありました。また、放置したことで夏場は臭いが発生して同じ衣類を2度洗濯することも多々ありました。梅雨時期になると、コインランドリーへ持ち込むのですが、夜遅くになってしまうことが多く、待っている間に車の中で寝落ちすることもありました。

それ以外にも、朝干して出かけたあとに雨が降り濡れてしまったり、子供たちにお願いすると、3人のうち誰が干すのかでバトルが始まり、イライラが増えたりというのがいつものパターンでした。

そんな状態から脱出したく、思い切って乾燥機能付き洗濯機を購入すると、「干す作業」「取り込む作業」がなくなっただけでなく、子供たちが自ら進んで洗濯するようになり、劇的に楽になりました。

食器洗いの時間を減らす改善案

仕事から帰ってきていざ食事の準備をしようとしても、山盛りの食器がシンクに残っていて、イライラしながら夕食を作った経験はありませんか？　精神的にも肉体的にもコンディションがよくないときは、そのイライラが倍増します。ましてや「おなかすいた」と言いながらテレビを見ている家族が目の前にいたら、尚のことです。その精神的ストレスをなくすためには、食器洗いは全て食洗機に任せるか、手持ちの食器を極限まで減らすという方法があります。

床掃除はロボットにお任せ

自動で掃除してくれるお掃除ロボットに掃除をお願いすることで家事の負担を軽減できます。お掃除ロボットを使用するメリットはそれだけではありません。家の中のホコリは人の動きや窓を開けて喚起することによって空気中に舞い上がってしまうため、空気中に浮遊しているホコリが床に降りたタイミングで掃除することがベストです。朝一番もしくは帰宅前にお掃除が終わる時間にタイマーをセットしておくとよいでしょう。

お掃除ロボットを最大限に活かすための工夫。

お掃除ロボットを最大限に活かすためには、毛足の長いカーペットは置かない、家具以外のモノは床に置かない、また床の段差をなくす工夫が必要になります。この機会にモノの整理をして、お掃除ロボットが働きやすい環境づくりをしましょう。

家事分散をすると楽になる

忙しい時期を乗り切るためには一人で頑張らず、家事分散することが大切です。家事分散するためには、一人一人が主体的に動ける仕組みが重要ポイントになります。

家族とはいえ、一人一人性格も違います。誰にでも簡単にできる方法を考えましょう。

仕事でもそうですが、ある一定の人しかできない業務があることは生産性低下に繋がります。家事も同じです。自分にしかできないことがあったり、クオリティーを求め過ぎたりすると、家族の協力を得られにくい状況を招きます。そこで誰でも簡単にできる仕組みを作ると、作業分散や家事分散がしやすくなります。

揚げ物をやめました

健康を意識するようになり、揚げ物を作ることをやめました。揚げ物が食べたくなったら外食する、もしくは買ってきます。そうすることで食べる頻度も減り、健康的にも良いですし、揚げ物のあとの油の処理や、コンロ回りの掃除の手間もなくなりました。

消極的な外食と積極的な外食

ある女性からこんなことを聞きました。「我が家では、仕方なく行く消極的な外食を極力しないようにいつも作り置きをしているの。どうせ外食するなら誰と何を食べたいのか、どんな服を着て出かけようかを考えて行く積極的な外食のほうが、計画を立てたときから楽しめるでしょ」

それを聞いたときに何て素敵な暮らし方をしている方なのかと思ったことを今でも鮮明に覚えていて、私もそんな暮らしを楽しむ工夫を心がけたいと思いました。

消極的な外食をしないための工夫

仕事で遅くなって疲労が蓄積された時間に夕食を作るのは本当に大変です。ましてや夕食の食材を購入するところからのスタートとなると、重労働です。そんなときは惣菜コーナーであまり食べたくもないものを購入したり、ご飯を炊き忘れたときはお弁当にしたり、最悪コンビニで、みたいな夕食になることも多く、とりあえずの夕食になります。また、同じ理由で外食となると予算がかかり、お腹は満たされても帰宅後の後悔は半端ありません。せっかく外食をするなら休日のランチや夕食の予定を立てて、積極的な外食をしたいものです。そこにはお金を払う価値があります。そのために改善することは、

□帰宅時間が遅くならないように仕事の仕方を改善する。
□仕事の帰りに食材を購入するのではなく、買い物を事前に1週間分済ませておく。もしくはネットスーパーを利用する。
□冷凍ご飯、冷凍食品を常にストックする。
□食事をシンプルにする。
□献立メニュー付きの食材の宅配サービスを利用する。

仕事のあとに料理を作ることは簡単なことではありません。しかも一人で作るとなると尚のこと大変です。そこで1週間分の献立が決まっているレシピ付き食材配達サービスを利用すると料理が苦手な方でも無理なく作れますし、また家族にもお願いしやすくなります。今までの当たり前を見直し、どんどん負担を減らす改善をしていきましょう。

暮らしに外注（プロの手）を取り入れる

特に苦手な分野であればあるほど、行動への第一歩へは至りづらいものです。そもそもこれまで後回しにしてきたことですから、「苦手」、もくは「嫌い」なことだと思います。もしそうであれば、自分一人で克服しようとせず、専門家から習う、もしくは得意な人に任せる、つまり外注するという方法があります。

家事代行は将来への投資なんです!

以前ある40代前半の女性の方から、整理収納の依頼がありました。依頼内容を聞くと、ご本人は遠方に住まわれているため、ご実家の片づけを両親と一緒にしてほしいという内容でした。「依頼者が娘さんであったとしてもモノの所有者はご両親なので、ご両親の了解なくしてはお受けできません」とお伝えすると、「両親には話はしております」とのこと。その後ご実家に直接ヒヤリングに行くと、お二人とも笑顔で私を迎えてくださいました。お二人のご年齢はお父さんが80歳、お母さんが74歳で、お二人とも以前は教員をされていたとのこと。話を聞き進めていくと、お二人がなぜ整理収納代行を依頼したいのかをお話ししてくださいました。

結婚して第二子のおめでたの頃。当時は産前産後合わせて2か月しか休みがなく乳幼児を預かる保育所も少なかったため、第二子ご懐妊が分かった時点でお母さんはお父さんに「仕事を辞めたい」と伝えたところ、お父さんから思いもしなかった提案があったそうです。「僕たちは2人だけでなく、もしかしたら4人子供を授かるかもしれない。その場合、その子たちにしっかり教育を受けさせるためには僕だけじゃなくあなたのお給料も必要になる。だとしたら今仕事を辞めるのではなく、家政婦さんに家事をお願いしたらどうだろうか？　たとえあなたのお給料のほとんどが家政婦さんのお給料に回ったとしても、それは長くても10年くらいだろう。その後は子供たちも成長して僕らで家事を回すことができるようになる。その間は投資だと思って、家政婦さんにお願いしてみるのはどうだろうか？」とおっしゃったそうです。そして続けてお父さんは私にこう言いました。

「家政婦さんに助けてもらって本当に助かったよ。それからは、僕ら夫婦は困ったときには誰かに助けてもらうことにしているんだ。だから今回も二人だけではなかなか進まない片づけを一緒にお願いしたいと思っているんだよ」とお話ししてくださいました。

片づけの仕事を始めてよかったと思えた瞬間でした。

苦手な仕組みづくりをプロに依頼する

整理収納サービスを依頼される方に共通していること。それは片づけ方について自分なりに勉強しているということです。ご自宅を拝見すると、片づけ本などを参考にしながら実践した跡が見られます。では、知識はあるのになぜできないのか？　その答えはシンプルで1つは苦手だということ、2つ目は、やってはみたものの続かなかったということです。本や雑誌で片づけメソッドを見て行動に移したとしても、「苦手意識」×「時間がかかる」ことで途中挫折して依頼される方がほとんどです。自己学習して「習うより慣れよ」ではゴールまでには時間がかかり、気力も持続しにくいので、私はいつも苦手なことほど「習いながら慣れよ」もしくは「任せる」ことをお勧めしています。そしてプロの場合、単なる片づけではなく、「片づけの仕組みを作る」ことが仕事です。つまり片づけのシステムを構築することで、いつでも誰でも使いたいモノを使いたいときにさっと取れてパッと戻せる状態を作るので、普段の片づけが楽になり、戻す習慣がつきやすくなります。それは何も片づけだけではありません。どんなことにも仕組みづくりが重要です。

仕事の改善

集中できる時間は限られています。集中するときは徹底して集中できる環境やルールを作る必要があります。例えば、電話に出ない、メールチェックの時間を決める、集中する時間を周りにも知らせて協力してもらうなどです。生産性を上げるには仕組みづくりが最優先になります。

第7章

質の高い
暮らし方のカギ

整理・整頓・清掃・習慣・改善を行うことで、快適な環境を作ることができます。また、それらを機械的に行うより、気持ちと愛を込めて行動すると、さらに質の高い暮らしへと変わるでしょう。

感謝をして家を磨く

毎日のお掃除で家を磨きます。そのときは感謝の気持ちを込めて磨きます。今日いつものように朝を迎えられたこと。朝食をとれたこと。お弁当を作れたこと。仕事ができたこと。そんな当たり前の日常の舞台である家に感謝します。一日頑張った身体を休めるためにベッドメイキングされたベッドに横たわるときは、至福の時間です。1日1回の食器洗いや排水口掃除、家やモノをピカピカに磨き整えることは、幸せを感じる時間を最大化するために必ず行います。

丁寧に暮らす、靴を磨く、服の手入れをする。心から感謝して、家の隅々まで丁寧にお掃除、いやお手入れできたとき、幸せな瞬間が訪れます。

一期一会

人のご縁は大切です。でも誰とでも繋がればいいというわけでないと思います。自身の心が素直に感じた通りに従えばいいのです。気の合わない人との付き合いをやめることは、なにも冷たいわけでも悪いことでもありません。朝起きてウォーキングをすればすれ違う人に笑顔に「おはようございます」と言いますし、カフェの店員さんからコーヒーを受け取るときには「ありがとう」と言います。コンビニの店員さんの指先が見えてネイルが可愛いと思ったら「可愛いネイルですね」と声をかければ、ニコッと「ありがとうございます」と返してくれます。そういった会話だけでも気持ちが良いものです。

自分の気持ちが落ちたときの対処法を持つ

私の場合、本当に気持ちが落ちたときは、お笑い番組ではなく、ホラーや、サスペンス、ドロドロした人間模様が描かれたドラマや映画をとことん見ます。そうするとさらに気持ちが暗くなるのですが、その後なぜか徐々に気持ちが復活してきます。笑いたくないときは無理に笑わずとことん落ちてみるのが、私なりの落ちたときの対処法です。そして家族にもそれを伝えているので、何も言わずとも状況を察してくれます。皆さんは気持ちが落ちたときの対処法を持っていますか？

素敵な人の共通点

素敵な人には共通しているところがあります。それは、男女問わずいくつになっても若々しく、思いやりがあり、「ありがとう」をよく言うところです。感謝のシャワーに包まれるだけでうれしい気持ちになります。私もそうなれるよう、いつも心がけています。

思考を変えると見えてくるもの

人生誰しも山あり谷ありで、楽あれば苦ありです。ただ、今の自分は、過去の自分が選択した行動や言葉の結果の表れです。最高の結果を迎えたいのであれば、今の自分が未来の自分に最良のバトンを渡す必要があります。今どのような選択と決断をして行動するかで、その未来の結果が変わります。

隠したいモノを持たない

ずっと前のことですが、長く使い続けたお気に入りの名刺入れがボロボロになっていたにもかかわらず、次に気に入る名刺入れと出会えるまではと新しいものを買わずに古い名刺入れを使い続けていました。ですが、名刺交換のときにはボロボロの名刺入れを見られたくなかったので、いつもかばんの中からそっと名刺を取り出し渡していました。あるとき、かしこまった席で名刺交換をする機会があったのですが、とっさに「名刺入れを忘れてきてしまって」と、うそをつき、とても恥ずかしい思いをしました。モノにも消費期限があります。お別れ時をしっかり見極めて、いつでも堂々と振る舞える自分でありたいと思った日でした。

やらないことリストを作ろう!

□違和感を覚えたことに同意しない。
□自分でコントロールできないことはやらない。
□もったいないと思わない。
□記憶に頼ることをやめる(スケジュール帳やスマホのメモを活用する)。
□苦手なことはやらない。
□情報過多にならない。
□一人で家事をしない。
□消極的な外食はしない。

□お菓子のストックを持たない。
□ムダに人にごちそうしない。
□リボ払いはしない。
□仕事を自分だけで抱えない。
□仕事を溜めない。

「やりたくないこと」「負担に感じていること」を整理する大きな目的は、精神的ストレスやタスクを減らして、本当にやるべきこと、やりたいことを実行するためです。やらないことリストを作ることで、これまで無意識にしてしまっていたことをやらずに済みます。ぜひ書き出してみてください。

暮らしを楽しむ文化

イギリスに留学していた頃、3軒のホストファミリーにお世話になりました。

どの家にも共通しているのは、暮らしを楽しんでいることでした。ある日曜日、部屋で過ごしていると、リビングから大きな物音が聞こえました。気になってリビングへ行くと、ホストマザーが一人で壁紙を思いっ切りビリビリ剥がしていました。私が「どうして剥がすの？」と聞くと、「この色の気分じゃなくなったのよ」とあっさり答えました。そしてアッという間に剥がし終わったかと思うと、今後は真っ赤な壁紙を貼り始め、多少壁紙と壁紙の継ぎ目が空いていてもおかまいなし。日本人の私には仕上がりの出来が気になるところですが、彼女はまったく気にしていない様子。

何て大らかで大胆なんだと驚きましたが、ＤＩＹが暮らしの一部であるイギリスでは、それはごくごく普通のことのようでした。壁紙以外にもドアノブを交換したり、整理ダンスの取っ手を気に入ったモノに交換したり、大工仕事を外注しないことでコストが大分抑えられます。

そして誰でもＤＩＹが簡単にできるような商品が多く売られており、大工仕事も家事の一部のようでした。一年を通じて雨の日が多く、雨や寒い冬が長く続くイギリスでは、部屋で過ごす時間をどうやったら楽しめるのかが大切で、そこから暮らしを楽しむ文化に繋がったのかもしれません。

丁寧を意識する

ＮＨＫ大河ドラマ『天地人』をはじめ、世界的に活躍する書道家の武田双雲氏の著書『丁寧道』（祥伝社　２０２１）では、対象を丁寧に感じ尽くす＝丁寧道は、日々心身ともに健康で、整っていて、余裕があって「機嫌がいい」状態でいるためにストレスから自由になれる最高メソッドだとあります。

私はちょうどこの本を読む数週間前、お客様のお宅へ訪問後、車の接触事故を起こしてしまいました。その日はスケジュールが詰まっており、頭の中は次の仕事のことやいろいろなやりとりのことでいっぱいでした。そんな中、次の現場へ向かうために停車中の車を発進させ思いっ切り左にハンドルを切ると、バリバリバリと物凄い音が鳴り、助手席側のドアとお客様のお宅のフェンスを捻じ曲げてしまいました。そこからその後の予定を変更し、警察へ連絡し事故処理をしたり持ち主に謝罪したり、保険会社とのやりとりをしたりなどで2時間ほどかかりました。その日の予定では17時までに帰宅する予定でしたが、事故を起こしたのが15時過ぎであったため、帰宅時の交通渋滞にハマり、家に着いたのは19時過ぎになっていました。事故を起こしたあとは心身ともに疲労します。疲れると食事を準備するのも嫌になり、夕食はカップ麺となりました。

仕事やプライベートのタスクが溜まっているときは気が焦り、負のスパイラルに巻き込まれるというのが私のいつものパターンでした。大概そんなときは、タスクをこなす時間を生み出すために、睡眠や食事の時間、または快適な生活を維持するための家事の時間を削ります。そうなると負のスパイラルに陥り、さらに部屋は乱れ、食事も乱れ、健康も乱れ、ストレスが増加し、いつもギリギリ状態でどうにかこうにか一気に駆け抜けるというのが、私のパターンでした。五感による知覚の割合のうち、視覚は83％といわれていますが、住環境の乱れやデスク回りの乱れが視覚の情報として伝わります。そのような中では集中力も落ちてしまいますし、判断力も低下しがちです。だからこそいつでも時間にゆとりを持ち自分自身のコンディションを維持管理することが必要になります。

おわりに

普通の主婦だった私が、整理・整頓・清掃の3Sを知ったことで起業し、現在に至るまでそれらに習慣を加えた4Sを繰り返し続けてきました。そして50代になり、やっとその効果を確実に感じたことでこれまで経験してきたことを少しでも伝えられたらと思い、書き始めました。

人生は課題の連続です。多くのことに対して向き合い、取捨選択していくための判断基準を持つことが必要です。そしてその基準は自分以外の誰でもない、自分基準であるということが大切です。

片づけは永遠のテーマではありません。実は片づけは、人生を快適に豊かなものにするために永遠に必要なことなのです。

だからこそ、目の前の課題やモノと向き合うことから逃げ出さず、解決していくには、判断力と行動力が必要になります。

私は、モノの整理をすることで判断力と行動力がつくと思っています。そしてそれを意識的に繰り返してきました。モノの整理を繰り返し続けていくことで、自分自身にとって本当に必要なモノは何なのかを知っただけでなく、たとえ買い物に失敗したとしても「自分にとって必要なモノの自分基準をさらに知るための学びだった」と気持ちを切り替えることができるようになりました。そして徐々に判断力がつくことで決断するまでの時間が短くなると、選ぶ時点で必要なモノを選択できるようになるので、極端な話、整理する時間を整理できるようになったのです。

4Sを暮らしの中に取り入れることは、住空間を整えるだけでなく、暮らしを上手にマネジメントすることでもあります。

生きるうえで本当に必要な量だけを持ち、大切に使うこと。
住空間を整えることは自分自身や家族を思う大切なこと。
良い習慣を持つこと。
時間に追われるのではなく、時間を上手に使えるようになること。

自分自身の心に耳を傾け、自分基準で行動できるようになること。

それが我が家の暮らし方として継承されていくことを母として願っています。

そして最後に、本書を通して少しでも多くの方に「4S」を知っていただき、実践してもらえることを心から願っています。

1. 整理＝必要以上にモノ・コトを持たないこと。
2. 整頓＝使いたいモノや情報がいつでも使える状態であること。
3. 清掃＝汚れを除去しピカピカに磨くこと。
4. 習慣＝3Sをキープする習慣を持つこと。

この本を読んでいただいた読者の皆様に心から感謝の気持ちを込めて。

二〇二四年十二月

暮らし方研究科　4S業務改善コンサルタント　根原典枝

〈著者紹介〉
根原典枝（ねはら のりえ）

1972年生まれ 沖縄県うるま市出身。
20代でフィニッシングスクール西大学院に入学。茶事の文化に興味を持ち、本場イギリスに紅茶の旅へ。現地のホストファミリーと過ごす中で、暮らしの質の高さに感銘を受ける。帰国後ブライダル業界に就職し、自分の身の回りや思考が片づけられてないことで失敗を経験する。営業はできたが仕事の効率が悪く、休日に休めない生活を送る。その後、片づけの習慣のないまま結婚、出産。イギリスの丁寧な暮らしを知っているのに、できない自分に落ち込むと同時に、そんなママをサポートするサービスがあったらいいのになと考え始める。第3子授乳中に見たTV番組で、赤字だった会社が3S（整理・整頓・清掃）を通して黒字化していく様子を目の当たりにする。影響を受け、自身の家で3Sを実践する。

片《かた》づけられるようになるために
私《わたし》がやったこと

2024年12月13日　第1刷発行

著　者　　根原典枝
発行人　　久保田貴幸

発行元　　株式会社 幻冬舎メディアコンサルティング
〒151-0051　東京都渋谷区千駄ヶ谷4-9-7
電話　03-5411-6440（編集）

発売元　　株式会社 幻冬舎
〒151-0051　東京都渋谷区千駄ヶ谷4-9-7
電話　03-5411-6222（営業）

印刷・製本　中央精版印刷株式会社
装　丁　　弓田和則

検印廃止

Printed in Japan
ISBN 978-4-344-69185-8 C0095
幻冬舎メディアコンサルティングＨＰ
https://www.gentosha-mc.com/